ଅନେକ କୋଠରୀ

ଅନେକ କୋଠରୀ

ରମାକାନ୍ତ ରଥ

ବ୍ଲାକ୍ ଇଗଲ୍ ବୁକ୍ସ
ଭୁବନେଶ୍ୱର, ଓଡ଼ିଶା
BLACK EAGLE BOOKS
Dublin, USA

ଅନେକ କୋଠରୀ / ରମାକାନ୍ତ ରଥ

ବ୍ଲାକ୍ ଈଗଲ୍ ବୁକ୍ସ : ଭୁବନେଶ୍ୱର, ଓଡ଼ିଶା • ଡବ୍‌ଲିନ୍, ଯୁକ୍ତରାଷ୍ଟ୍ର ଆମେରିକା

BLACK EAGLE BOOKS

USA address:
7464 Wisdom Lane
Dublin, OH 43016

India address:
E/312, Trident Galaxy, Kalinga Nagar,
Bhubaneswar-751003, Odisha, India

E-mail: info@blackeaglebooks.org
Website: www.blackeaglebooks.org

First International Edition Published by
BLACK EAGLE BOOKS, 2023

ANEK KOTHARI
by **Ramakanta Rath**

Copyright © **Ramakanta Rath**

All rights reserved. No part of this publication may be reproduced, stored in a retrieval system, or transmitted, in any form or by any means, electronic, mechanical, photocopying, recording or otherwise without the prior permission of the publisher.

Cover & Interior Design: Ezy's Publication

ISBN- 978-1-64560-415-0 (Paperback)

Printed in the United States of America

ସୂଚୀ

ଅନ୍ୟ ଲୋକର ପାଣି	୭
ପୁନର୍ମିଳନ	୯
ବାଘଶିକାର	୧୧
ଅପେକ୍ଷା	୨୩
ପ୍ରେମିକାର ଫଟୋଗ୍ରାଫ୍	୨୫
ଯୀଶୁଖ୍ରୀଷ୍ଟ	୨୭
ପ୍ରତ୍ୟାବର୍ତ୍ତନ	୨୯
ଜହ୍ନରାତି	୩୧
ଅନନ୍ତଶୟନ	୩୨
ସୂର୍ଯ୍ୟ	୪୧
ବର୍ଷାଋତୁ	୪୫
ଅପରାହ୍ନ	୪୮
ହନୁମାନ	୫୦
ଲାଲ୍‌ମାଛ ଓ ସୂର୍ଯ୍ୟାସ୍ତରେ ଶବସଂସ୍କାର	୫୩
ଜନ୍ମଦିନ	୫୬
ଖସିପଡ଼ ମୋ କୋଳକୁ	୫୮
ବିମାନ ଦୁର୍ଘଟଣାରେ ମୃତ୍ୟୁ	୫୯
ସହଯାତ୍ରୀ ଓ କାଲି ସକାଳ	୬୫
ପୃଷ୍ଠବନ୍ଧ	୬୮

ଅନ୍ୟ ଲୋକର ପାଣି

ହୁତାଶନରୁ ଜଳବୁନ୍ଦେ ହେଲା ପ୍ରକାଶ ।

ଭୀମ ଭୋଇ

ଖୋଜୁଥିଲି ଯଦି ମୋର ମୃତ୍ୟୁ ପାଇଁ ଜାଗାଖଣ୍ଡେ, ତେବେ ତ ଯେଉଁଠୁ
ପଳାଇ ଆସିଲି ତାହା ବେଶ୍ ଥିଲା । ବଞ୍ଚିବାର ଜାଗା ଲୋଡ଼ା ଥିଲେ
ଏଠାରେ କିପରି ନେବି ନିଃଶ୍ୱାସ ମୁଁ ଯେଉଁଠି ଶୁଖୁଚି
ଦକ୍ଷିଣା ହାୱାର ଶବ ? ତଳେ ଏଇ ବିଲବାଡ଼ି ସବୁ
ନିଛାଟିଆ । କ୍ୱଚିତ୍ ବଳଦ ଗୋଟେ କଟା ଧାନ ମୂଳକୁ ଖୁମ୍ପୁଚି ।
ସେଠି ଠିଆ ହୋଇଥିଲେ କିଏ ମତେ ଦେଖୁଥିଲା ? ଏଠି ବା ମୁଁ କେଉଁ
ବିଧବାର ନଗ୍ନ ଏବଂ ତଫାତ୍ ଗୋଡ଼େ ଝାମ୍ପ ଦେଉଅଛି ?

ଏ ପାହାଡ଼ଶୀର୍ଷେ ଚଢ଼ି ମୁଁ ଦେଖିଲି ସାମ୍ନାରେ ମୋହର
ଦୋସରା ପାହାଡ଼ ଯା'ର ଶୀର୍ଷ ଅଟେ ପତିତ ଓ ଗଛପତ୍ରହୀନ,
ଜଙ୍ଗଲିଆ ଘାସ କିଛି, କେତେଖଣ୍ଡ ପଥର ବ୍ୟତୀତ
ଯା'ଙ୍କ ରଙ୍ଗ ଅସମ୍ଭବ ଲାଲ୍ କଳା ମିଶା । ଜଳୁଚନ୍ତି ଖରାର ଅଗ୍ନିରେ
(ଦକ୍ଷିଣା ପବନ କ'ଣ ଏହିଠାରେ ଜଳିଲା ଜୀବନ୍ତ ?)
ମୁଁ ଦେଖୁଚି ସୂର୍ଯ୍ୟ ହୁଏ ତେର୍ଚ୍ଛା ଏବଂ ଲମ୍ବା ଲମ୍ବା ଅସଂଖ୍ୟ ଛାଇରେ
ହଠାତ୍ ନିଶ୍ଚିହ୍ନ ହୁଏ ମୋ ସାମ୍ନାର ଉଜ୍ଜ୍ୱଳ ପର୍ବତ ।

ଆକାଶେ ଓ ଗଛପତ୍ର ସନ୍ଧିରେ ବା ଘୂରିବୁଲେ ଏକ ଅକସ୍ମାତ୍
ରହସ୍ୟ ମୋ ନଜରକୁ ଲାଜ କରି, ବସେ ନାହିଁ ପଥର ଉପରେ

ନଚେତ ସେ ଫାଟିଥାନ୍ତା ବୁନ୍ଦେ ପାଣି ନିମିତ୍ତ ହୁଏତ।
କେଉଁଠାକୁ ବୋହିଯିବ ପାଣି ତାହା ଭାବୁଥିଲି ମୁହିଁ,
ଏବଂ ପ୍ରାୟ ଅନୁଭବ କଲି ଏକ ଥଣ୍ଡା ଭାବ, ସତେ ବା ଝରଣା
ଭିତରେ ମୁଁ ରଖିଦେଲି ପାଦ ମୋର। ବିଲବାଡ଼ି ତଳର ଅନ୍ଧାର।
ବଳଦ ଯାଇଚି ଚାଲି କିମ୍ବା ଅଟେ ଅନ୍ଧାରେ ଅଦୃଶ୍ୟ।
ମୁଁ କଳ୍ପନା କଲି ଯେଉଁ ଅବସ୍ଥାରୁ ମୁଁ ଅଟେ ଫେରାର୍
ଏବଂ ଯେଉଁ ଅବସ୍ଥାରେ ଏବେ ଅଛି, ଉଭୟେ ନିମଗ୍ନ
ସେ ଜଳବିନ୍ଦୁରେ ଯାହା ସିକ୍ତ କଲା ଜ୍ୱଳନ୍ତ ପଥର।

ଅଗ୍ନିରେ ବଞ୍ଚିବା ମୋର କପାଳରେ ଅଛି, ସୁତରାଂ
ପରିଶେଷେ ଜଳିଯିବି ଯେଉଁପରି ସମସ୍ତେ ମୋହର
ପଳାଇ ଆସିବା ସ୍ଥାନେ ଜଳୁଚନ୍ତି। ଯେଉଁମାନେ ଆସିଲେନି, ଯଥା
ସେ ବିଧବା, ସେ ବୃନ୍ଦାକ ହୁଏତ ତାଙ୍କର।

ପୁନର୍ମିଳନ

ତମର ବାରଣ୍ଡା ଏବେ ଲୋକାରଣ୍ୟ, ଫେରିଚନ୍ତି ତମର ସମସ୍ତେ।
ତମେ ଫେରିଯାଇନାହଁ ଜଙ୍ଗଲକୁ ଯେଉଁଠାରେ ବହୁ ଦେହାତୀତ
ଉତ୍କଣ୍ଠ ଶିକ୍ଷକମାନେ କରୁଥିଲେ ତମର ଅପେକ୍ଷା,
ତମେ ବରଂ ରହିଗଲ ଉଦ୍ୟାନରେ ଚନ୍ଦ୍ରାଲୋକେ ଯାହା ଉଦ୍‌ଭାସିତ।

ଯା'ର ମଞ୍ଜୁଆତି ବାଡ଼ ସାପଚମ ପରି ଚକ୍‌ଚକ,
ଓ ଯାହା ହଠାତ୍ ଗିଳେ ଉଦ୍ୟାନରୁ ଫେରାର୍ ରାସ୍ତାଙ୍କୁ।
ବାଡ଼ ତଳେ ସଢୁଅଛି ସେ ଅଚିହ୍ନା ବାଟୋଇର ଶବ
କାଲି ସନ୍ଧ୍ୟାବେଳେ ତମେ ହସିବାର ଦେଖିଚ ଯାହାକୁ।

ସେ ସେମିତି ହସୁଥିଲା ତମଆଡ଼େ, ସେ ହସର ଉଦ୍ଦେଶ୍ୟ ନ ଥିଲା।
ସେ ହସ ଉଦାର ଅଗ୍ନି, ବାରେ ନାହିଁ ଚିହ୍ନା ବା ଅଚିହ୍ନା,
ମନେ କି ପଡୁଚି ଆଜି, ତମେ କାଲି ଗପୁଡ଼ି ହସର
ସଂସାରର ଅନ୍ତରାଳେ କରୁଥିଲ ରହିବା ବାହାନା ?

ଆହା କେଉଁ ପ୍ରତିଶୋଧ ଜର୍ଜ୍ଜରିତ କରିଲା ତମକୁ !
ଓ କାହିଁକି ? ତମେ ଥିଲ ପବନ ଯେମିତି,
ରାତିର ଅନ୍ଧାରେ ଆସି ପତ୍ରଙ୍କର ବିଫଳ ଅରଣ୍ୟେ
ଛିନ୍ନଭିନ୍ନ ହେବା ସତ୍ତ୍ୱେ ତପସ୍ୟାର ପୁରସ୍କାର ଥିଲ,
ତମର ନିରୋଳା ଯାତ୍ରା ଆଣିଥିଲା କେତେ ଆକର୍ଷଣ
ଓ କେତେ ନିଦଙ୍କୁ କେତେ ସ୍ୱପ୍ନଙ୍କର ଆଲୋକ ଅମୂଲ୍ୟ !
ବର୍ତ୍ତମାନ ବନ୍ଦ ତମେ, ଛୋଟା ହୋଇ ତମ ଉଦ୍ୟାନରେ

ତମେ ଆଉ ପାରିବନି ଦୌଡ଼ି ଯାଇ ବାଡ଼ ଆରପାଖେ
ଜଳୁଥିବା ନିଆଁ ପୋଇଁ ତଡ଼ିବାକୁ ଆଜିର କାକର,
ଯେଉଁ ନିଆଁ ଚାରିପାଖେ ଥୁରୁଥୁରୁ ବହୁତ ଲୋକଙ୍କ
ନିଃଶ୍ୱାସେ ଗରମ ହୁଏ ପୁନର୍ବାର ଆତ୍ମା ପବନର।

ଆତ୍ମା କେଉଁ ପ୍ରେମ, କିମ୍ବା ଶ୍ୱାସରୁଦ୍ଧ କଳାପରି ଏକ
ନିଷ୍ଠୁରତା କାବୁ କଲା ଉଦ୍ୟାନରେ ଆତ୍ମାକୁ ତମର!

ବାଘଶିକାର

ଯେସନେ କୀଟ ଊର୍ଣ୍ଣନାଭି। ନିଜ ବଦନୁ ସୂତ୍ର ଭାବି।।
ଜାଲ ନିର୍ମାଣି ରାତ୍ର ମୁଖେ। ମଧ୍ୟେ ବିହରେ ନାନା ସୁଖେ।।
ଏକାନ୍ତେ ରାତ୍ରେ କ୍ରୀଡ଼ା କରେ। ସୂର୍ଯ୍ୟ ଉଦୟେ ତା ସଂହରେ।।

ଶ୍ରୀମଦ୍‌ଭାଗବତ

୧

ପ୍ରଥମ ସାକ୍ଷାତେ ଶବ୍ଦ। ଶବ୍ଦମାନେ ଦ୍ରୁହସିତ ବହୁଦିନୁଁ ଭୁଲିବା ପ୍ରେମର
ହଳଦିଆ ପୁନର୍ଜନ୍ମେ। ଶବ୍ଦମାନେ ଫୁଟୁଥିଲେ ଭୟର ଉତ୍ତାପେ,
ଆପେ ସୃଷ୍ଟି ହେଉଥିଲେ ଶବ୍ଦମାନେ, ଆପେ ମଧ୍ୟ ଧ୍ୱଂସ ହେଉଥିଲେ,
ଶବ୍ଦମାନେ ଭାସୁଥିଲେ କେଉଁ ଏକ କୁଳୁକୁଳୁ ସୁନ୍ଦର ନଈରେ
ହାଲୁକା ଜାହାଜ ପରି ସ୍ରୋତର ବିପକ୍ଷେ।
ଶବ୍ଦମାନେ ଗିଳିଦେଲେ ବାଘପରି ଆମକୁ, ତା'ପରେ
ଆମେ କିଏ? ବାଘର ଶିକାର ମଧ୍ୟ ଏକ ଅଂଶ ବାଘର ଦେହର,
ଆଲୋକ ବି ଏକ ଅଂଶ ଅନ୍ଧାରର ସୂର୍ଯ୍ୟ ଯେବେ ଅସ୍ତ ହୋଇଗଲେ,
ଖାଲି ଯା' ପାଣିର ଊର୍ଦ୍ଧ୍ୱେ ମୂଳପଦ୍ମ ପାଖୁଡ଼ା ଦୁଇଟି
ଝଡ଼ିପଡ଼ି ଅଂଶ ହେଲା ପୁନର୍ବାର ଅଣ୍ଡା ପୋଖରୀର।

ଆମର ଅଗଣାସାରା ମୂଷାଙ୍କର ସିଲହଟ୍ ଓ ସେମାନଙ୍କ ଛାଇର ଫାଙ୍କରେ
ଫୁଙ୍ଗୁଳା ପିଠିରେ ଖରା ପୋଉଁଥାନ୍ତି ଅନ୍ୟାନ୍ୟ ଯୁବତୀ
ଆମେ ଦେଖିନାହୁଁ ବାଘ, ଦେଖିନାହୁଁ କୌଣସି ସ୍ତ୍ରୀଲୋକ,
ତଥାପି ବିଶ୍ୱାସ କରୁଁ, ଶବ୍ଦଦ୍ୱାରା ଏ ବାଘ ଓ ସ୍ତ୍ରୀଲୋକ ନିର୍ମିତ,

ଆମେ ବି ଶବ୍ଦର ଅଂଶ, ଆମେ ତେଣୁ ବାଘ ଓ ସ୍ତ୍ରୀଲୋକ,
ଆମେ ସେ ଲମ୍ଫର କ୍ଷୁଧା, ସେ ମୃତ୍ୟୁର ଅସହାୟ ହାତ,
ରାତ୍ରିର ଅନ୍ଧାର ଆମେ, ଜଙ୍ଗଲରେ ଘୋଷରା ସ୍ୱଭାବ,
ଆମେ ସେ ଶୁଖିଲା କାନ୍ଦ ଛିନ୍‌ଭିନ୍ ଜଙ୍ଘର ନିର୍ମୋକ, ୧୮
କାଲି ରାତି ପରି ନୁହେଁ, ଶବ୍ଦଦ୍ୱାରା ସୃଷ୍ଟି ହେଲାପରି,
ସ୍ରୋତର ବିପକ୍ଷଗାମୀ ଜାହାଜର କପ୍ତାନ ସାହେବ। ୨୦

ଆମେ ତେଣୁ ଚିହ୍ନିନାହୁଁ ସେ ବାଘ ଓ ସ୍ତ୍ରୀଲୋକ ଇତ୍ୟାଦି
ବାଘ ଓ ସ୍ତ୍ରୀଲୋକ ହେବା ସତ୍ତ୍ୱେ, ଖୁବ୍‌ଦିନ ଖେଳିଲୁ ମୂଷାଙ୍କ
ଛାଇସାଙ୍ଗେ, ଖୁବ୍‌ଦିନ ଉଷୁମ ଖରାରେ
ଯୁବତୀଙ୍କ ନେଳୀ ଏବଂ ଗର୍ଭବତୀ ଶିରାରେ ବଞ୍ଚିଲୁଁ,
ସେ ଗୋଟେ ଆପଣା କଥା, କିନ୍ତୁ ଏଇ ପାଗଳ ଜାହାଜେ
ଭାସିଗଲାବେଳେ ଆମେ ପାଦମାତ୍ର କାଢ଼ିଲେ ମରିଲୁଁ।
ହାତରେ ବନ୍ଧୁକ ନେଇ, ଜିପ୍‌ଚଢ଼ି, ଦୌଡ଼ାଦୌଡ଼ି କରି
ପତ୍ରରେ ରକ୍ତର ଦାଗ ଉଣ୍ଡି ଉଣ୍ଡି ବାଘ ନିଜେ ଆପଣାକୁ ଖୋଜେ,
ମୃତ୍ୟୁ ଖୋଜେ ଲାସ୍ ତା'ର, ଅଗଣାର ଅନ୍ୟାନ୍ୟ ଯୁବତୀ
ଅନ୍ଧାରରେ ଖୋଜୁଛନ୍ତି ହୃତ୍‌ପିଣ୍ଡଟା କେଜାଣି କାହାରି। ୩୦

ହଠାତ୍ ରାତି ବେଶୀ ହେଲା ଓ ମୁଁ ସାମାନ୍ୟ ଘୁମାଇ ଦେଖିଲି
ସ୍ୱପ୍ନ ଯେ ଚାଲିଚି ଜିପ୍ ଘୋଡ଼ାନାଲ ମୋଡ଼ାଣି ଉପରେ,
ବ୍ରେକ୍‌ର ଧକ୍କାରେ ଉଠି ଚାହୁଁଚି ମୁଁ ଠିକ୍ ସେହିପରି
ମୋଡ଼ାଣି ଉପରେ ଆମେ। ସତେ କ'ଣ ସ୍ୱପ୍ନ ଥିଲା ତାହା ?
ମୋ ଚିହ୍ନା ଯୁବତୀମାନେ ମଲା ମଲା ଜଣା ଯାନ୍ତି ମତେ।
ଚାରିଆଡ଼େ ବନ୍ଦ, ଏବଂ ଏକ ଗାଢ଼ କୁହୁଡ଼ିର ଧୂଆଁ
ମଟରର କାଚ ଢାଙ୍କେ, ଆସ୍ତେ ଆସ୍ତେ ଜାଲୁ ଜାଲୁ ଦିଶେ।
ପାଗଳ ଜାହାଜ ଡେକ୍ ପୂର୍ଣ୍ଣ କରି କର୍ପୂର ଓ କସ୍ତୁରୀ ଗନ୍ଧରେ
ବାଲୁତ ନନ୍ଦିନୀ କହେ ଏ ଅଙ୍ଗ ମୁଁ ଦେବଇଁ କେମନ୍ତେ
ଆଜ୍ଞା ପ୍ରମାଣରେ ସେ ହୁଅଇ ନବ ଯୁବା
ଓ କୁହୁଡ଼ି ଢାଙ୍କି ଦିଏ ଦୁଇ କୂଳ ଲୋକଙ୍କ ଦେଖିବା। ୪୧

ସେ ଉଲ୍ଲୀ କୈବର୍ତ୍ତୀ ପୁଣି ଫେରିଯିବ ଋଷିଙ୍କ ସ୍ୱପ୍ନରୁ।
ମୋ ଚିହ୍ନା ଯୁବତୀ ମେଲୁଁ କିଏ ଜଣେ ମରିଯିବା ପରେ
ସତେ ବା ତା ସାଙ୍ଗେ କିଏ ରତିରଙ୍ଗ କରେ, କାରଣ ସେ
ବାଧା ଦେଇ ପାରିବନି, ଯେ ପର୍ଯ୍ୟନ୍ତ ସେ ନିଜେ ନ ମରେ।

୨

ଶୁଖିଲା ପତ୍ରଙ୍କ ଭଙ୍ଗା ଶବ୍ଦେ କାଳେ ବାଘ ହୁରୁଡ଼ିବ,
ଆସ୍ତେ ଚାଲ।
ଶବ୍ଦଙ୍କ କୁକୁର ଭୁକା ଶୁଣି କାଳେ ବାଟୋଇ ଫେରିବ,
ତୁନି ହୁଅ।
ବାଘ ଯେତେ ଘୁଞ୍ଚିଯାଏ ହାହାକାର ଲମ୍ବେ ଶୂନ୍ୟତାର,
ଏବଂ ଏ ରାତିର ହାୱା ଗୁରାଣ୍ଡିବ କାଳେ ତା' ଉଦର
ଗର୍ଭବତୀ କରି ତାକୁ ଅନ୍ୟ କେଉଁ ହାଟର ସ୍ମୃତିରେ
ନିର୍ଦ୍ଦୋଷ ଜରାୟୁ ଭରି ଅନ୍ୟ ଦେଶ ମାର୍ବଲ୍ ତାଡିରେ।

ସେ ଆଖି କାହାର? ବାଘର, ନା ବିଲୁଆର? ବାଘର?
ନା, ନା, ବିଲୁଆର,
ଓ ବିଲୁଆ ବାଘ ନୁହେଁ। ହାୟ ହାୟ ପବନ ରାତ୍ରିର
ଆସିଲାଣି ଫୁରୁଫୁରୁ କରି ଆମ ଅଠାଦିଆ ବାଳ,
ଆଖିର ପତାକୁ ଜାଳି। ଚାରିଆଡ଼େ ଚିର୍ଚିରା କାନ୍ତାନୀ।
ଆମେ ଯେବେ ଦୌଡୁଥିଲୁଁ ଅନ୍ଧାରରେ ଛନ୍ଦି ହୋଇ ନିଜର ତନ୍ତୁରେ
ବାଘ ଆଡ଼େ, ବାଘ ଗଲା ହଜି ଜଙ୍ଗଲରେ।

ପ୍ରିୟତମା, ମୁଁ ତୁମକୁ କହିଚି ନା ନାହିଁ ଏ ଅନ୍ଧାର
ରାତିରେ ଖୋଲନି ବୋଲି ଦାଣ୍ଡପଟ ଦୁଆର ଆମର?
ତମେ ମତେ ଥଟ୍ଟା କଲ, କହିଲ ମୁଁ ଈର୍ଷାନ୍ୱିତ ହେଲି
ମୋଠାରୁ ଅଳ୍ପବୟସ୍କ କାହା ସାଙ୍ଗେ ତମେ ଶୋଇପଡ଼ିବା ଚିନ୍ତାରେ।
ମୁଁ ଠିଆ ହୋଇଚି ଅବା ହୋଇନାହିଁ କେଉଁ ଲୋଭୀ ବୁଢ଼ାପରି ଯା'ର

ଜୀବନଯାକର ନୋଟ୍ ଉଡ଼ିଗଲା ଶୁଖିଲା ବତାସେ
ମରୁଭୂମି ମଧ୍ୟଭାଗେ ? ମୁଁ କାନ୍ଦିଚି ବା କାନ୍ଦି ନ ଥିଲି
ତମର ଫୂର୍ତ୍ତିର ଭୟେ ନୁହେଁ, କିନ୍ତୁ କାଳେ କେଉଁ ଫୁଲ୍‌କା ଫୁଲ୍‌କା ଗାଲ
ଆଉଁଶି ଲୋଡ଼ିବ ମୋର ଶୁଖିଥିବା ଗାଲର ପାଲିସ୍,
ଦୋସରା କାମିଜ୍ ଖୋଲି ମୋ ପିଞ୍ଜରା ହାଡ଼ର ଥରିବା
ଦରାଣ୍ଡିବା ହତୋତ୍ସାହେ ତମେ କଳା ପଡ଼ିଯିବ ବୋଲି ?

ତମର ଫେରିବା ପରେ ମୋର ଆଉ ସାହସ ହେଲାନି
କୋଟ୍ ପିନ୍ଧି ସାମ୍ନା ହେବି, ବାଥ୍‌ରୁମ୍ ଭିତରେ ମୁଁ ମୋର
ଇସ୍ତ୍ରୀକରା କମିଜକୁ ଭାଙ୍ଗିଭୁଙ୍ଗି ଲୋଚାକୋଚା କଲି
ଓ ତଳକୁ ମୁହଁ ପୋତି ନିରେଖିଲି କୁମ୍ଭଧଡ଼ି ଶାଢ଼ୀ,
ଜୋତାର ବକ୍‌ଲ୍‌ସ୍ ଦେହେ ରଙ୍ଗ କିଛି ଚିକ୍‌ଟା କାଦୁଅର ।
ମୁଁ କିପରି କହିଥାନ୍ତି ଯେ ବିଜୁଳି ଲିଭିବା ଉତ୍ତାରୁ
ବାଥ୍‌ରୁମ ଅନ୍ଧାରରେ ଆଜିଠାରୁ ଆପେ ହଜିଗଲି ?
ତମେ ହଜିଗଲ ବୋଲି ପଡ଼ିଆର ଅନ୍ଧାରେ ଆଜିଠୁଁ ?
ତମେ ମୋ ସାମ୍ନାରେ ଅଙ୍କ ହଲିଲାରୁ ମତେ ଖୁବ୍ ଡର ଲାଗିଲା ଯେ
ବାଥ୍‌ରୁମ୍ ଦର୍ଜାଫାଙ୍କେ ତମେ କ'ଣ ଉଣ୍ଟୁଥିଲ ଯେବେ
ମୁଁ ମୋର କମିଜ୍‌ଭାଙ୍ଗ ଦଳିଦାଳି ନଷ୍ଟ କରୁଥିଲି ?

ତା'ପରେ ଯାଇଚୁ ଆମେ ମୌଜ୍ କରି ଦକ୍ଷିଣ ଭାରତ ।
କାଳେ ତମେ ଅନ୍ୟ କିଛି ପଚାରିବ, ସେଥିପାଇଁ ମୁଁ ଅଣନିଃଶ୍ୱାସୀ
ଧାଇଁବାର ରୌଦ୍ରେ ସିଝି ସ୍ନାନ କରେ ବହୁ ସମୁଦ୍ରରେ ।
ଦ୍ରାବିଡ଼ ଭାସ୍କର୍ଯ୍ୟ କହେ ମଦୁରାଇ ମନ୍ଦିର ଦେଖାଇ,
ମହାବଳୀପୁରମ୍‌ରେ ପଚାରୁଚ (ବଙ୍କା) ହସ ହସି
ଏ ହାତୀଗୁଡ଼ାକ କେଡ଼େ ଜୀବନ୍ତ ମ ! ମୁଁ ମକ୍‌ଚୁଚି ଆଖିପତା ମୋର,
ତମେ କ'ଣ କହିଲ କି ଉହ୍ୟ ରଖି ଏ ସିଧା ପ୍ରଶ୍ନରେ ?
ସେ ସନ୍ଦେହେ ମୁଁ ଡେଉଁଚି ଘୋଡ଼ାପରି, ତା' ଆର ସକାଳେ

ଦୁଇଶ ମାଇଲ ଦୂର ହୋଟେଲରେ ଖାଇବା ଉତ୍ତାରୁ
ମୁଁ ତମକୁ ଡାକ ଦେଲି ଚାଲ ଆଉ ଦୁଇଶ ମାଇଲ,
ତମେ ମତେ ଚୁମା ଦେବ ଅନ୍ୟ ଏକ ରାଜ୍ୟର ସୀମାରେ।

ତମେ ଶୋଇ ଶୋଇ ଚାହଁ ହାସ୍ପାତାଳ ଛାତକୁ ତମର
ମୁହଁର ପେଶୀରେ କଷ୍ଟ, କାହା ଦାନ୍ତ ଛାତିରେ ବସିଚି,
କାହାର ମାଟିଆ ମୁହଁ ଲାଖିଅଛି ଲୋଭର ତୃଷାରେ,
ବାଘର ନା ବିଲୁଆର? ଫୁଲକୁଣ୍ଡେ କଣ୍ଟାଗଛ ପରି
ତମର କ୍ଷୀରର ଖତେ ତା'ର ଚେର ତମକୁ ଫୋଡୁଚି
ଓ ତମର ହୃଦୟର ଅନ୍ୟ ଏକ କୋଠରୀରେ ବାଘ
ଛଟପଟ ହୁଏ ଏକ ପ୍ରାଣାନ୍ତକ ପିପାସା କଷ୍ଟରେ,
ପଣତରେ ଲୁହ ପୋଛି ତମେ ମନେପକାଅ ମତେ ଓ
ମରୁଭୂମି ମଧ୍ୟଭାଗେ ବତାସରେ କାନ୍ଦୁରା ବୁଢ଼ାକୁ,
ନିଜକୁ ଧିକ୍କାର କର, ଆହା କିଆଁ ଚୌକିରୁ ଉଠିଲ
ଯାହା ତାତି ଆସୁଥିଲା ଆସ୍ତେ ଆସ୍ତେ ତମ ସଂସ୍ପର୍ଶରେ।

ବାଘ ଆସେ ଗର୍ଜି ଗର୍ଜି, ଗାଉଁ ଗାଉଁ ଓହମ୍
ଆକର୍ଷିତ ହୋଇ ତମେ ଜାଳିଥିବା ମହମବତିରେ।

ଆପଣାକୁ ଖୋଲିଦେଇ ଲକ୍ଷାଧିକ ମଧ୍ୟାହ୍ନ କ୍ଷୁଧାକୁ
ସୁତରାଂ ବାଘ ଆସେ ଶୁଙ୍ଘି ଶୁଙ୍ଘି ତମର ଆଖିର
ସକାଳରେ ଫୁଟିଥିବା ପଦ୍ମଫୁଲ ବାର ପାଖୁଡ଼ାକୁ।

ବାଘ ଆସେ ଗର୍ଜି ଗର୍ଜି ଗିଳିବାକୁ ତମର ଶରୀର।
ଯେ ପର୍ଯ୍ୟନ୍ତ ଗିଳି ନାହିଁ, ଯେ ପର୍ଯ୍ୟନ୍ତ ବାଘ ଦେଖି ପାର,

ତମର କି ମନେପଡ଼େ ଛାତି କଷ୍ଟ ହାସ୍ପାତାଳେ କାଲି
ତମେ କି କଳ୍ପନା କର ଆଜି ତମ ଧ୍ୱଂସର ଦିଆଲୀ?

ଦେଖ, ଏ ପବନ ଘୁଞ୍ଚେ ଖାଲି କରି ତମ ପାଇଁ ଜାଗା।
ମୁଁ ତମର ସ୍ୱାମୀ ଦେଖ ପୋଖରୀର କୂଳରେ କାନ୍ଦୁଚି
ଦୋସରା କମିଜ୍ ତଳ ଦରାଣ୍ଡିବା ଚଉକିରେ ବସି।
ହଠାତ୍ ବିଜୁଳି ଆସେ, ମୁଁ ଲାଜରେ ଦେଖେ ବାଥ୍‌ରୁମ୍
ଟେବୁଲ୍‌ରେ ଗୋଟାଗୋଟି କମିଜ୍‌ର ଭାଙ୍ଗ ମୁଁ ଦଲୁଚି।

୩

ମୁଁ ଶୁଣୁଚି ତା' ବୟସ ଜମା ଥିଲା ପଚିଶ ଛବିଶ,
ତା' ସ୍ୱାମୀ ସଚ୍ଚୋଟ ଏବଂ ପରିଶ୍ରମୀ କୃଷକ ଗୋଟିଏ,
ପ୍ରତିଦିନ ସେ ସ୍ତ୍ରୀଲୋକ ଦିନ ପ୍ରାୟ ବାରଟା ବେଳରେ
ଭାତ ନେଇ ଯାଏ ତାଙ୍କ ପାହାଡ଼ର ଉପର କ୍ଷେତକୁ
ଓ ସୂର୍ଯ୍ୟାସ୍ତ ଯାଏଁ ତା'ର ସ୍ୱାମୀ ସାଙ୍ଗେ ମିଶି କାମ କରେ,
ତା'ପରେ ଏକାକୀ ଫେରେ, ସ୍ୱାମୀ ରହେ କ୍ଷେତ ଜଗିବାକୁ
କାଲି ସେ କ୍ଷେତରେ ଥିଲା, ତା' ସ୍ୱାମୀର ନଜରପାଆନ୍ତା,
ଯେତେବେଳେ ବାଘ ଆସି ଘୋଷାରିଲା ବଣ ଭିତରକୁ
ସେ ଚିତ୍କାର କଲା ଏବଂ ତା'ର ସ୍ୱାମୀ ଆସିବା ପୂର୍ବରୁ
ପ୍ରାଣ ତା'ର ଉଡ଼ିଗଲା ଖାଲି କରି କ୍ଷେତର ପିଞ୍ଜରା।
ତା' ସ୍ୱାମୀ ପିଟୁଚି ମୁଣ୍ଡ, ତିନିଜଣ ଛୁଆ ପ୍ରଜାପତି
ଆ ଆ ବୋଲି ଡାକୁଚନ୍ତି ଉଡ଼ି ଉଡ଼ି ଗାଆଁ ଦାଣ୍ଡସାରା।

ମାଆ ପ୍ରଜାପତି ଉଡ଼ିଗଲା ଏବଂ ଯିବାପଛେ ବଣର ଦୁଆର
କିଳିଦେଇ ଚାଲିଗଲା। ଦୁଆରକୁ ଆଉଜି ତାହାର
ଭିତର ମୁହଁରେ ହସ କିମ୍ବା କାନ୍ଦ ଜାଣି ହୁଏ ନାହିଁ
କାନ୍ଦୁଲ କ୍ଷେତର ଫୁଲେ ତା' ଚତୁର୍ଥ ସୁଭଦ୍ରାର ପାଇଁ।
ସେ ଯଦି କାନ୍ଦୁଛି ଦେଖି ସମୁଦ୍ରର ସମ୍ମୁଖେ ଅନ୍ଧାର
ଅସଜ ଇଞ୍ଜିନ ଏବଂ କପ୍ତାନ ବି ନାହିଁ ଜାହାଜର,
ଲମ୍ବାଇ ଶୁଖିଲା ଜିଭ ମାଗୁଅଛି ଲେମନ୍‌ଚୁସ୍ ଦିଅ
ହେ ମୋ ସ୍ୱାମୀ ଫୁଲଶୂନ୍ୟ ଉଡ଼ିବାରେ ଝୋଲାମାରେ ଦେହ,

ତାହାର ଉତ୍ତର କ'ଣ ? ସ୍ୱାମୀ କାନ୍ଦେ, ଛୁଆମାନେ ବିକଳ ହୁଅନ୍ତି,
ନିଜ ଅନିଚ୍ଛାସତ୍ତ୍ୱେ ସମସ୍ତେ ସେ ଦୁଆରେ ବସନ୍ତି
ଓ ଦେଖନ୍ତି ଗାଆଁ ଦାଣ୍ଡେ ବ୍ଲାକବୋର୍ଡେ ଅଧାକଷା ହିସାବ ଅଙ୍କର
ପୋଛି ଦେଇଗଲା ମାଆ ପ୍ରଜାପତି ଡେଣାର ଡଷ୍ଟର୍।
ସେମାନେ ଧାଇଁଲେ ଶୁଣି ଗୁଜବ୍ ଯେ ପାହାଡ଼ ଉପରେ
ସୁନ୍ଦର ଫୁଲଟେ ଫୁଟି ଥରୁଅଛି ଥଣ୍ଡା ପବନରେ,
କଣ୍ଟାରେ ଗୋଇଠି ଚିରି ଦେଖିଲେ ଯେ ଫୁଲ ଫୁଟିନାହିଁ
ପଥର ଚଟାଣ ଜଳେ ଦ୍ୱିପ୍ରହର ସୂର୍ଯ୍ୟରେ ଗାଧୋଇ,
ଖାଲି ପିଞ୍ଜରାରେ ଘୂରେ ପଙ୍ଖାପରି ପବନର ମୁହଁ
ଛୁଆ ପ୍ରଜାପତିମାନେ ମାଗୁଚନ୍ତି ଦିଅ ବାବା ଫୁଲ କିଣି ଦିଅ,
ସଚ୍ଚୋଟ କୃଷକ କିଣେ କାଗଜର ଫୁଲ କେତେ ତୋଡ଼ା
ସବୁରି ସ୍ୱପ୍ନର ହାଓ୍ୱା ଥରାଇ ତା' ଷୋହଳ ପାଖୁଡ଼ା,
ସେ ନିଜେ ମାନିଲା କିଣେ ଚକୋଲେଟ୍ ରଙ୍ଗର ଯାହାର
ଦେହସାରା ଛକ ଛକ ଗାଢ଼ଲାଲ୍ ପଟାମାନଙ୍କର
ପାଲିସ କାଠର ପିଣ୍ଡା ଉପରୁ ସେ ଚାହେଁ ଯେ ଦୂରରେ
ଲୋକଙ୍କ ଗହଳି କେଉଁ ପାହାଡ଼ର ମାଣ୍ଡିଆ କ୍ଷେତରେ
ବାଘ ଝିଙ୍କି ନେଲା ବୋଲି କାହା ତିନି ଛୁଆଙ୍କର ମାଆ
ସେ ଚୁଚୁ କରି ଚାହେଁ ତା' ଫୁଲର କେଶର ଖଣ୍ଡିଆ।

କ୍ଲବ୍‌ର ବାର୍ଷିକ ସଭା ବେଳେ ଆମ ଖଳାର ଅନ୍ଧାରେ
କାହାର ଲୋଡ଼ିବା ଝଡ଼ ଡାକୁଥିଲା ବର୍ଷାର ଶବ୍ଦରେ।
ମୁଁ କାହାର ଛତା ମାଗି ଯେତେବେଳେ ଘରକୁ ଫେରିଲି
ଦର୍ଜ୍ଜାର ଆଖିରେ ଈର୍ଷା ମୋ କମିଜ୍ ଭଲ ଇସ୍ତ୍ରୀ ବୋଲି।
ମୁଁ ଭୟାଳୁ ନୁହେଁ ଯେ ମୁଁ ମୃତ୍ୟୁଠାରୁ ପଳାୟନ କରେ,
ମୃତ୍ୟୁ କିନ୍ତୁ ଆସି ନାହିଁ ଯେ ପର୍ଯ୍ୟନ୍ତ, ସମୟର ଅପେକ୍ଷାଗୃହରେ
ମୁଁ କ'ଣ ହଜାଇପାରେ ମୋ ସମ୍ବଳ ? ସୁତରାଂ ହେ କାଗଜଫୁଲ
ଅମ୍ଳାନ ନେଲା ବେଳେ ମୋ ନିଶ୍ୱାସେ ହୁଅ ହଲଚଲ,
ବାଘ ମରିଗଲା ପରି ପଦ୍ମ ପରି ମୋ ଗୁଳିର କୁହୁଡ଼ି ଆଘାତେ
ଯେଉଁମାନେ ଆସିଥିଲେ ହାକ୍‌କାକରି ଫେରିଯାନ୍ତୁ ସେମାନେ ସମସ୍ତେ।

ସେମାନଙ୍କ ନାକପୁଡ଼ା ଥରୁଅଛି ଭୟରେ, ସତେ କି
ବାଘ ବଞ୍ଚିଅଛି ଏବଂ ଖିନ୍‌ଭିନ୍ କରେ ମୋ ତଣ୍ଟିକି।
ସତେ ଜୀବନ୍ତ ଫୁଲ ସୁଗନ୍ଧରେ ମୂର୍ଚ୍ଛା ଭାଙ୍ଗେ ମୋର
ଓ ମୁଁ ଦେଖେଁ ସଭାଗୃହେ ପଡ଼ିଛି ମୋ ନିଜର ମୁର୍ଦ୍ଦାର।

ସେ ମୃତ୍ୟୁର ଅଭିଜ୍ଞତା ପରେ କିନ୍ତୁ ଲାଉଞ୍ଜ୍‌ରେ ପଶିବା ପୂର୍ବରୁ,
ଶୁଖିଲା କାନ୍ଦୁଲ ଗଛଦ୍ୱାରା ପୂର୍ଣ୍ଣ କ୍ଷେତପରି, ଫସଲ ଉତ୍ତାରୁ,
ନିଜକୁ ମୁଁ ଦେଖିଅଛି ବିସ୍ମୃତିର ଜ୍ୱଳନ୍ତ କ୍ରନ୍ଦନେ
ନିଜକୁ ଓଟାରି ଆଣି ଆଶାରୁ, ଓ କେଉଁ ଏକ ଉଷ୍ଣ ଅପରାହ୍ଣେ
ପର୍ବତ ଉପରେ ଥିବା ଜଙ୍ଗଲରେ ପ୍ରେମର ସ୍ମୃତିରୁ
ଅକସ୍ମାତ୍ କେଉଁ ଦିନ ଭୋଗିଥିବା ଅସ୍ପଷ୍ଟ ଇଚ୍ଛାରୁ
ମରିବା ନିମିତ୍ତ ପୁଣି ମୃତ୍ୟୁହୀନ ଦେହାନ୍ତର ପାଇଁ।
ମୋ ଜୀବନେ କିଛି ନାହିଁ ଯେଉଁଥିରେ ମୋ ଦାୟିତ୍ୱ ନାହିଁ।
ମୁଁ ଏକ ଗୋପନ ହାଓ୍ୱା ଜଙ୍ଗଲର ଅଦୃଶ୍ୟ ଅନ୍ତରେ।
କେଉଁଠି ହଲାଏ ପତ୍ର ନିଆଁ ଜାଳେ ଅନ୍ୟ କେଉଁଠାରେ,
ବାହାରୁ ଜଙ୍ଗଲ ଦିଶେ ଯେତେବେଳେ ନିଶ୍ଚଳ ଓ ତା'ର
ଅଭ୍ୟନ୍ତରେ ପୂର୍ଣ୍ଣ ଏକ ଶୂନ୍ୟତାର ଅକଥ୍ୟ ଅନ୍ଧାର
ମୁଁ କି ଖୋଲି ଦେଇ ନାହିଁ ଦର୍ଜା ତା'ର ? ତା'ପରେ ଚନ୍ଦ୍ରର
ଘୋଡ଼ାର ଖୁରାରେ ଉଠେ ଜଙ୍ଗଲର ନିଦ୍ରିତ ଭିତର।

ମୁଁ ଯଦି ଆଣିଚି ସବୁ, ଜଙ୍ଗଲର ଜ୍ୟୋତ୍ସ୍ନାରେ ଶୀତ୍କାର,
ମୁଁ ଯଦି ଭୋଗିଛି ସବୁ ତା' ହତାଶା, ଯେତେବେଳେ ସେ ଘୋଡ଼ାସବାର
ଅସ୍ଥିର ଆଣ୍ଠୁରେ ଉଠି ହଜିଗଲା ଆକାଶପଥରେ,
ମୁଁ ଯଦି ସେ ବାଦ୍ୟକାର ମନ୍ଦିରର ନାଚମଣ୍ଡପରେ
ନାଚନ୍ତି ଅସଂଖ୍ୟ ଛାଇ ଶତାଧିକ ଧ୍ୱନିରେ ଯାହାର
ଦୁଃଖର ଖର୍ବତା କିମ୍ବା ବିଶାଳତା ଆତ୍ମସନ୍ତୋଷର
ତେବେ କିଆଁ ବଜାଇବି ସେ ଧ୍ୱନି ଯା ଶୁଣିଲେ କେବଳ
ଅର୍ଦ୍ଧସତ୍ୟ ଅର୍ଥ କରେ ନୃତ୍ୟଶୀଳ ଛାଇଙ୍କୁ ବିକଳ ?

ମୁଁ ପିନ୍ଧିଲି ସୁତରାଂ ଚେକ୍ ଚେକ୍ ମାନିଲା, ଓ ନାଲି
ଧାତୁକୀ ଫୁଲରେ ମୋର ପତ୍ରହୀନ ଡାଳ ମଣ୍ଡିଦେଲି ।

ହରରଙ୍ଗୀ ଆକାଶ ଥିବ ଚିରକାଳ ବହୁତ ଦୂରରେ ।
ଏ ଚଞ୍ଚଳ ହାୱା ଯିବ ହଜି ଏକ ସେକେଣ୍ଡ୍ ଭିତରେ
ତମକୁ ଶୂନ୍ୟତା କିମ୍ବା ଅନ୍ୟ ଏକ ହାୱା ସାଙ୍ଗେ ଛାଡ଼ି
ଯାହା ତମେ ଖୋଜିନାହିଁ ସୁତରାଂ ଲାଭ କ'ଣ ଲୋଡ଼ି
ନାନାଦି ଅନାମଧେୟ ଅନ୍ଧାରର ମୃତ ଗଭୀରତା ?
ତମେ ହତବାକ୍ ହେବ ଆଶ୍ଚର୍ଯ୍ୟରେ, ନଚେତ୍ ତମେ କାନ୍ଦିବ ଅଯଥା

ଯେପର୍ଯ୍ୟନ୍ତ ଭାଙ୍ଗି ନାହିଁ ଚେକା ଫିଙ୍ଗି ରାସ୍ତାରୁ ତମର
ବିଭିନ୍ନ ଆଲୋକେ ଦୀପ୍ତ ଚକ୍‌ଚକ୍ ନାନାବର୍ଣ୍ଣ କାଚର ଦୁଆର
ସେ ଦୁଷ୍ଟ ବାଳକ, ତାହାପରେ ବାକୀ ରହେ କ'ଣ
ତମର ସରଳ ପୃଥ୍ୱୀ କରିବାକୁ ଦିନେ ଚିରନ୍ତନ
ତମେ ଯାହା ଖୋଜୁଥିଲ ତା' ପିଛାରେ ଦୌଡ଼ିବାର ଫଳ
ତମର କପାଳେ ଖାଲି ଅବସନ୍ନ ହତାଶାର ଝାଳ ।
ସେ ଝାଳ ଶୁଖିବ ଆପେ କେଉଁ ଗ୍ରୀଷ୍ମ ମଧ୍ୟାହ୍ନ ହାୱାରେ,
ଆସିବନି କାହା ହାତ ଥରିଥରି ସହାନୁଭୂତିରେ
ପୋଛିବାକୁ ଅସଫଳ ପ୍ରେମ ଦେହୁଁ ଶୁଖିଲା ରକ୍ତକୁ,
କି ଲାଭ ଅନ୍ଧାର ତଳେ, ସୁତରାଂ, ବୁଣି ଆପଣାକୁ ?

କି ଲାଭ ? ଜଳୁଛି ଆଖି ଏବେ ମଧ୍ୟ ଆତ୍ମାର ଇଚ୍ଛାରେ,
ପକ୍ଷୀଙ୍କ ସଙ୍ଗୀତ ହେବ ବନ୍ଦୀ, ଯଥା ରେକର୍ଡ଼ ଭିତରେ,
ଓ ଅପେକ୍ଷା କରୁଥିବ ମୋ ସ୍ମୃତିଙ୍କଦ୍ୱାରା କଳୁଷତା,
ପବନରେ ମିଶିଯିବ ନିଃଶ୍ୱାସର ଉଷ୍ମ ଶିଥିଳତା,
କୌଣସି ଅବ୍ୟବସ୍ଥିତ ଅସ୍ୱୀକାରଦ୍ୱାରା ବାରମ୍ବାର
ପ୍ରେମ ସୃଷ୍ଟି ହେଉଥିବ, ଯାହା ଥରେ ହଜିଲା ତାହାର
ଆନୁଗତ୍ୟଦ୍ୱାରା ଏକ ଜର୍ଜ୍ଜରିତ ସନ୍ଧାନ ନ ହୋଇ,

ଚାରିଆଡ଼େ ବିଶାଳତା ଉନ୍ମୁକ୍ତ ମୋ ପ୍ରତିଶୋଧ ପାଇଁ।
ମୋ କ୍ଲାନ୍ତ ଆତ୍ମାର ଉପଦେବତାର ଅତି ପ୍ରିୟ ଏହି
ଯାହା ଜଳିଯାଏ ତା'ର ନୈବେଦ୍ୟର ଗନ୍ଧରେ ମଣୋହି।

ପାଦ ମକ୍‌ଚି ଲାଭ ନାହିଁ। ବାଘ ତମେ ଦେଖିଲେ ଦେଖିବ
ତମର ସାମ୍ନାରେ ତମ ବନ୍ଧୁକକୁ ଚାହିଁ ରହିଥିବ,
ବା ଆଦୌ ନ ଥିବ, ତେଣୁ ଡେଇଁବାରେ କିଛି ଲାଭ ନାହିଁ,
ଆଣ୍ଠୁ ଛିଣ୍ଡିଯାଇ ପାରେ ପଥର ବା କଣ୍ଟା ବାଜିଯାଇ।

୪

ବଣଭୋଜି ସରିଲାଣି। ମୋ ପାଖର ଯୁବତୀ ସମସ୍ତେ
ଘୁମାନ୍ତି, ବା ମୋ ଦରଜ ଗୋଇଠିରେ ଗୋଇଠି ଘଷନ୍ତି,
ମୁଁ ଯେହେତୁ ଖୁବ୍ କ୍ଲାନ୍ତ, ଦୟାକରି ହେ ଯୁବତୀମାନେ,
ଦେଖ ମୁଁ ଆସିଚି ବହୁ ଦୀର୍ଘପଥ, ଉବୁଟୁବୁ ଝାଳ ଓ କ୍ଲାନ୍ତିରେ,
ଖଣ୍ଡ ଖଣ୍ଡ ପଥର ଓ ନୂଆ ଶାଳଗଛଦ୍ୱାରା ପୂର୍ଣ୍ଣ
ରାସ୍ତାରେ ଚଳାଇ ଗାଡ଼ି ସେ ଫେରାର ବାଘର ସନ୍ଧାନେ।
ରାସ୍ତାରେ ଦେଖିଚି ବହୁ ସ୍ୱପ୍ନ ଏବଂ ଯେତେ ସ୍ୱପ୍ନ ରାସ୍ତାରେ ଦେଖିଚି
ସବୁରି ସିନ୍ଦୁକେ ହଲେ ବାଘ ଏବଂ ମୁର୍ଦାର ଅଛନ୍ତି।
ମୁଁ କିନ୍ତୁ ନିଦର ଶେଷେ ବାଘ ଏବଂ ମୁର୍ଦାର ଦୁଆରେ
ବସି ଖାଲି ହାଇ ମାରେ। ଯେଉଁପରି ଦୁର୍ଗମ ପର୍ବତେ
ବର୍ଷାର ଉତ୍ତାରୁ ପାଣି ବୋହିଯାଏ ବିଭିନ୍ନ ନଈରେ
ଏବଂ ଧର୍ମାନ୍ ପୃଥକ୍ ପଶ୍ୟନ୍ ତାନେବାନୁବିଧାବତି।

ହୁଏତ ଭାଗ୍ୟରେ ଥିଲା, ଯେତେବେଳେ ଜଙ୍ଗଲ ଭିତରେ
ଜିପ୍ ଚଢ଼ି ଯାଉଥିବ, ହାତପାନ୍ତା ପାହାଡ଼ ଦିଶିଲେ
ହଠାତ୍ ଏକା ରହିଯିବ ସ୍ୱପ୍ନଙ୍କର ଶୂନ୍ୟତା ସହିତ,
ବୃତ୍ତାକାର ପାହାଡ଼ରେ ଲୁଚିଯିବ ବାଘ କେଉଁଠାରେ,

ଶବର ମାଂସରେ ତା'ର ପ୍ରତିଚୋଟ ତମ ଲାଗି ଉଦ୍ଦିଷ୍ଟ ଭର୍ତ୍ସନା
ଯେହେତୁ ନିଦରେ ତମେ ପୂର୍ବଭୋଦ ନକ୍ଷତ୍ରେ ହୁଏତ
ତେରବର୍ଷ ବୟସରେ ଋଷିଙ୍କର ଉପଯୁକ୍ତ ହେଲ,
ଛ' ବର୍ଷ ବୟସେ ମୋର ଅପମୃତ୍ୟୁ ନଦୀସ୍ନାନବେଳେ,
ଶତ୍ରୁପୀଡ଼ା, ରାଜଦ୍ୱାରେ ଅପମାନ ବତିଶ ବର୍ଷରେ,
ବୟାଳିଶ ବର୍ଷଠାରେ ବାତରୋଗ, ଧନଜନକ୍ଷୟ
ଏ ଅରଣ୍ୟ ଗୋରା ଘୋଡ଼ା ଗୋରା ବଛା ମିଳିବେ କୁଆଡୁ ?
କିଏସେ କରିବ ଅବା ପାଞ୍ଚମୁଠା ଅରୁଆ ଚାଉଳେ
ବାଟିବୁଟି ପିତୁଳାଟେ, ପିନ୍ଧାଇବ ହଳଦିଆ ଲୁଗା ?
ମୁଁ ସୁତରାଂ କ୍ଳାନ୍ତ ଆଣ୍ଠୁଧରି ବୁଲେ ପାହାଡ଼ ଉପରେ
ଅଇଉଣ୍ ଘଡ଼ଧସ୍ ଶଷସର୍ ହଲ୍ ଉଚ୍ଚାରଣେ
ହତୋତ୍ସାହ ତପସ୍ୟାରେ ଡାକି ଡାକି ଆସ ବାଘ ଆସ
କାହାର ବିଶ୍ୱାସ ନାହିଁ ମୋ ଜାହାଜ ସାମ୍ନା କୁହୁଡ଼ିରେ
କିମ୍ବା ଯେ ସମ୍ପୂର୍ଣ୍ଣ ବୋଲି ମୋର ବ୍ୟର୍ଥ ଲୋଡ଼ିବା ରହସ୍ୟ ।

ସେ ଏକ ସମୟ ଥିଲା, ଯେତେବେଳେ ଅଭେଦ୍ୟ ଅନ୍ଧାରେ
ମୁଁ ଏକ ବୋଇତ ଧରି ଖୋଜିଅଛି ବାଟର କିନାରା
ଓ ତାରଙ୍କ ଆଲୋକରେ ଦେଖିଅଛି କ୍ରମସଙ୍କୁଚିତ
ପାହାଡ଼ଙ୍କ ପରିସର ଗିଳିବାକୁ ଆସ୍ତେ ଆସେ
ମତେ ଓ ମୋହର ଦୁଇ ପ୍ରସାରିତ ହାତଙ୍କୁ, ଶେଷରେ
ମୋ ଆଖି ଝଲସିଲା ପରି ହୁଏ ଏକ ବିନ୍ଦୁରେ ନିହିତ
ମୁଁ ଯାହାର ଭୟଙ୍କର ସତ୍ୟତାର ଲାଗି ଜନ୍ମ ହେଲି ।
ସେ କେଉଁ ଗେହ୍ଲେଇ ଜେମା ମଧୁଶଯ୍ୟା ଘରେ ଜିଦ୍‌ଦ୍ୱାରା
ସ୍ୱାମୀକୁ ଦେଇଚି ଠେଲି ଚଟାଣରେ କାଟିବା ସକାଶେ
ଖଡ଼ି ଗୋଟାଳିରେ ବାଘ, ରହସ୍ୟର ଆକସ୍ମିକତାରେ
ଅସଂଖ୍ୟ ସିପାହୀଙ୍କର ପ୍ଲାଟୁନ୍‌କୁ ଭାଙ୍ଗି ସେ ମିଶୁଛି
ସେ ସ୍ୱପ୍ନରେ ଯାହା ଫୁଟେ ବିନା କଢ଼ି ବିନା ଉଦ୍ୟାନରେ ।

ସେ ଏକ ସମୟ ଥିଲା, ଆଜି କିନ୍ତୁ ଜିପ୍ ଆଲୁଅରେ
ଚକ୍‌ଚକ୍ ଦେଖାଯାନ୍ତି ଗଛ ସବୁ, ଗଣିହୁଏ ଠେକୁଆ ଯେତେକ
ଜିପ୍‌ର ସାମ୍ନାକୁ ଆସି ସିଧା ସିଧା ବହୁତ ଦୌଡ଼ନ୍ତି।
ସ୍ପିରିଟ୍‌ଲେଭେଲ୍ ମଧ୍ୟ ପାରା ପରି ଚନ୍ଦ୍ର ଆଜି ଭାସେ
ପାହାଡ଼ ମୁଣ୍ଡରେ ଘଷିହୋଇ, ଏବଂ ଗଣିହୁଏ ସବୁ ଯୁବତୀଙ୍କୁ।
ତଥାପି ମାଡୁଛି ଡର। କି ବେଗରେ ଆଜି ଭାଙ୍ଗିଯାନ୍ତି
ସବୁ କିଛି, କି ବେଗରେ ଭାଙ୍ଗିବା ଉତ୍ତାରେ
ନୂତନ ସାମଗ୍ରୀ ବୋଲି ମାଗୁଛନ୍ତି ଆମର ସନ୍ତକ।
ପୁନର୍ବାର ଭାଙ୍ଗିଯାନ୍ତି, ପୁନର୍ବାର ତାଙ୍କ ଦାବି ଆସେ।

ହାଲୁକା ପବନେ ଆଜି ଥରୁନାହିଁ ଯତ୍ନରେ ପାଳିତ
ଉଦ୍ୟାନରେ ଫୁଲଗଛ, ପୋଖରୀର କ୍ଷୁଦ୍ର ବିନ୍ଦୁ ଏକ
ବଦଳରେ ଝଡ଼ ଅଛି, ଲକ୍ଷ ଲକ୍ଷ ତରଙ୍ଗ ଅଛନ୍ତି।

ମୁଁ ବହୁଛି ଝଡ଼ ସାଙ୍ଗେ, ମୁଁ ସାମିଲ୍ ତରଙ୍ଗ ପ୍ରବାହେ,
ମୁଁ ନିଜକୁ ଭାଙ୍ଗୁଅଛି ବସ୍ତୁମାନେ ଯେବେ ଭାଙ୍ଗିଯାନ୍ତି।
ତଥାପି ମୁଁ ନିଜେ ନୁହେଁ, ଯେତେବେଳେ ଚନ୍ଦ୍ର ବୁଡ଼ିଯିବ
ଅନ୍ଧାରର ସମୁଦ୍ରକୁ ଦୁଲୁସାଇ ଫେରିବ ସେ ବାଘ
କୌଣସି ନିଦ୍ରିତ ଏବଂ ସ୍ୱପ୍ନହୀନ ନାରୀ ଉଦ୍ଦେଶ୍ୟରେ।
ମୁଁ ହାୟ ମୋହର କ୍ଷିପ୍ତ ଖଣ୍ଡଖଣ୍ଡ ଛୋଟ ଆଖି ଯୋଗୁଁ
ତାକୁ ଦେଖି ପାରିବନି ଆଜୀବନ ଅପେକ୍ଷା ଉତ୍ତାରେ,
ବାଘ ମଧ୍ୟ ଦେଖିବନି ମତେ, ଯେଣୁ କେଉଁ ଏକ ଧୂସର ଗ୍ରୀଷ୍ମର
ଲୋକାରଣ୍ୟ ହାସ୍ପାତାଳେ ଶୋଇଥିବି ଅସମର୍ଥ ହୋଇ
ଆଉଥରେ ପଶିବାକୁ ସେ ଦେହରେ ଯାହାକୁ ମୁଁ
ହେ ଯୁବତୀମାନେ
ତମରି ସାଙ୍ଗରେ ଆଜି ଜଙ୍ଗଲରେ ଦେଇଛି ହଜାଇ।

ଅପେକ୍ଷା

୧

ମୋ ରକ୍ତ ଓ ମସ୍ତିଷ୍କରେ ନିଦା ସୂର୍ଯ୍ୟାଲୋକ ସାଙ୍ଗେ ମିଶି-
ବାରୁ ତୀକ୍ଷ୍ଣ ଓ ଆଶ୍ଚର୍ଯ୍ୟ ଉତ୍ତେଜନା। ନିଖୁଣ ସାବ୍‌ଜା
ବୁଢାକୁ ଝଙ୍କାଇ ତା'ର ନେଳୀ ଶିରାରୁ କାକର
ସୂର୍ଯ୍ୟାଲୋକ କାଢ଼ି ଦେଲା ପରେ ମୋର ପାହାଚ ପାଖରୁ
ପର୍ବତ ପର୍ଯ୍ୟନ୍ତ ଲମ୍ବା ପଡ଼ିଆର ପ୍ରସ୍ତୁତ ଶରୀର
ଉପରେ ମୁଁ ଲମ୍ବିଗଲି ହାଲିଆ ଆନନ୍ଦେ।
ଶୁଖିଲା ଆତ୍ମାର ସ୍ନେହ ବନ୍ଧନରେ ମୁଁ ଦେଖିଲି ମୋର
ଆଖିକୁ ଦିଶୁନି ଆଉ ଚକୋଲେଟ ହିଡ଼ର ଉତ୍ତାରୁ।

ତା'ପରେ ସନ୍ଧ୍ୟାର ଝାଳେ ଓଦା ହେଲା ବୁଦା ଓ ଗୋହିରୀ
ଓ ମୁଁ ହଠାତ୍ ଖସିଗଲି। ସେତେବେଳେ ଝିଙ୍କାରୀ ଡାକିଲେ
ଉପର ଓ ତଳଦାନ୍ତ ମଝିରେ ମୁଁ ଓଠକୁ କାମୁଡ଼ି
କ୍ଷୋଭ୍ ଜାଳି ଭାବୁଥିଲି ମୁଁ ନିଶ୍ଚୟ ପ୍ରତିଶୋଧ ନେବି।
କିନ୍ତୁ ମୋ ଶୋଇବା ଘରେ ଅନ୍ଧାରର ଭିତରେ ହୁଏତ
ଜୀବନଟା କଟିଯିବ, ତା'ପରେ ଏ ପଡ଼ିଆ ନ ଥିବ,
ସମ୍ଭବତଃ ମୁଁ ନିଜେ ନ ଥିବି।
କ୍ରୋଧର ଡମ୍ବରୁ ଶବ୍ଦେ ନାଚୁଥିବା ମାଙ୍କଡ଼ ମୁଁ ଦିନେ
ସମୟର ମଶାଣିରେ ମୋ ଲାଞ୍ଜର ଦୈର୍ଘ୍ୟ ମାପୁଥିବି।

ସେ ଏକ କାର୍ତ୍ତିକ ମାସ ରାତି ଥିବ, ଏବଂ ଓଦା ତରାଟ ପତ୍ରରେ
ସେ ଐତିହାସିକ ଚନ୍ଦ୍ର ଝଲସୁଥିବ,
ବୋଧହୁଏ ନର୍ସ ଭାବୁଥିବ
ତା' କଲେଜ୍ ବେଳ କଥା, କିମ୍ବା କିଛି ଚୋରା ହିସ୍କି ପିଇ
ମତେ ଅମ୍ଳଜାନ ଦେବା ସେ ବିଲ୍‌କୁଲ୍ ଭୁଲିଯାଇଥିବ। ୨୦
ଝିଙ୍କାରୀ ଗର୍ଜିଲା ବେଳେ ମୁଁ ସୁତରାଂ ହସି ହସି ଭାବେ
ତା' ମିଛ ରିପୋର୍ଟ କଥା, ଓ ଭୁଲେ ଯେ ମୁଁ ଅପମାନିତ, ୨୨
ସୂର୍ଯ୍ୟ ପରି ରାତ୍ରି ସତ୍ୟ, ସତ୍ୟର ଉପରେ
ଉଲ୍ଲୁନିଏ ପ୍ରତିଶୋଧ, ମରିବାକୁ ଦେବତ୍ୱ ସହିତ।

୨

ତମେ ଯେବେ କାନ୍ଦୁଥିବ ଆରଘରେ ଛାଟିପିଟି ହୋଇ
ପରିଚୟହୀନ କଷ୍ଟେ, ଗମ୍‌ଗମ୍ ଝାଳରେ ଗାଧୋଇ,
ହଠାତ୍ ଆସିଲା ଧାଇଁ ଓ ମୋ ହସହସ ମୁହଁ ଦେଖି
କହିଲା ହସୁଚ କିଆଁ? ହେବ ବୋଧେ କାଲି ସକାଳକୁ।
ପ୍ରଥମ ଜନ୍ମର କଷ୍ଟ, ତା'ପରେ ସେ ପୋଖତି ଦିହରେ
ଏ ଧକ୍‌କା ସହିଲା ଭଳି ଜୋର୍‌ଥିବା ଜଣା ଯାଉନାହିଁ। ୩୦

ଷ୍ଟୋଭ୍‌ରେ ଫୁଟାଇ ପାଣି, ଡେଟଲ୍‌ରେ ଭିଜାଇ ତୁଳାକୁ
ମୁଁ ଅପେକ୍ଷା କରୁଅଛି, ଖୁବ୍ ଡେରି କାଲିର ସକାଳ।
ଆୟୁଷ ଯେତିକି ଲମ୍ବା ରାତି ପ୍ରାୟ ସେତେ ଲମ୍ବା ହେବ।
ହସ ସିନା ମାଡ଼େ ମତେ, ବାସ୍ତବିକ୍ ମୁଁ ଖୁବ ବ୍ୟାକୁଳ।

ସେ ବିରକ୍ତ ସ୍ତ୍ରୀଲୋକକୁ ମୁଁ କିପରି ବୁଝାଇବି? ଯଦି
ତାକୁ କିଏ ଆନ୍ତରିକ ଚୁମା ଦେଇ ତା'ପରେ ମୁହଁରେ
ଆଙ୍କିଥାନ୍ତା ନିଶଦାଢ଼ି ଫାଉଣ୍ଟେନ୍ କାଳି ସାହାଯ୍ୟରେ
ସେ ବୁଝନ୍ତା ହସିଲେ ବି ବେଳେ ବେଳେ ହସିବା ପୂର୍ବରୁ
ମନର ଅବସ୍ଥା ଯାହା ତାହା ରହେ ହସିବା ଉତ୍ତାରୁ। ୩୯

ପ୍ରେମିକାର ଫଟୋଗ୍ରାଫ୍

ନାହିଁ ନାହିଁ କଲାବେଳେ ସେ ହୁଏତ ହଁ କରିଥିଲା ।

ମୁଁ ନିର୍ବୋଧ ବିଶ୍ୱାସରେ ଶୁଣିଲି ତାହାର
(ସତେ କି ସେ ଅଧା ସାବ୍‌ଜା ଏବଂ ଅଧା ହଳଦିଆ ପତ୍ର
ଯାହା ଖସୁଥିଲା ବହୁ ଉଚ୍ଚ ଗଛର ଡାଳରୁ, କିମ୍ୱା
ଖଣ୍ଡ ଖଣ୍ଡ ମାଂସ ତା'ର ପଞ୍ଜରାରୁ ଖସି ପଡୁଥିଲା,
ବା ସେ ଦଗ୍ଧ ସୂର୍ଯ୍ୟାସ୍ତର ଅଗ୍ନିରେ ଓ
ଯେତେ ତା'ର ରୋମାନ୍‌ସ ସତରେ

ଏକ ମୃତ୍ୟୁ-ନାଚ ଅଗ୍ନି ସମ୍ମୁଖରେ ଶରତର ସାୟାହ୍ନ ପର୍ବରେ)
କାନ୍ଦଣା ଯେ ଥାପୁଡ଼ାଅ ନାହିଁ ମୋର ଲଙ୍ଗଳା ଜଙ୍ଘକୁ
ମୁଁ ସ୍ନେହରେ ଭିଜିଯିବି ବେଶିବେଳ ଜଳିବି କେବଳ ।

ମୁଁ ଉଣ୍ଡିଲି ଜଙ୍ଗଲକୁ, ଅଖାପରି ଅନ୍ଧାର ଭିତରେ
ଅଚେତ ଗଛଙ୍କ ସ୍ଥିତି ମୋ ଚିହ୍ନୋଟ ସାମ୍ନାରେ ନିଷ୍ଫଳ
(କେଉଁଦିନ ପ୍ରଭାତର କାକରରେ ଓଦା ଥିଲା ଘାସ
ପିଚ୍ଛିଳ ରାସ୍ତାରେ ଥିଲା ଗୋଡ଼ିବାଣ ଫୁଲଙ୍କ ଗାଲିଚା
କାହାର ଆସିବାପାଇଁ ଫାଟକର ଦର୍ଜା ଦୁଇଫାଳ
ମେଲାକରି ଚାହିଁଥିଲି, ବସ୍ କିନ୍ତୁ ଖାଲି ଚାଲିଗଲା),
ଓ ମୋର ଆଙ୍ଗୁଠି ସବୁ ନିଷ୍ପନ୍ଦ ସେ ନଗ୍ନତା ସାମ୍ନାରେ
ଭୂତ ପରି ସ୍ୱଚ୍ଛ ଯାହା ଯେତେ ପାଖ ଯେତିକି ଦୂରରେ ।

ହଠାତ୍ ଜଙ୍ଗଲ ମଧ୍ୟେ ଶବ୍ଦହେଲା ଝିଙ୍କାରୀଙ୍କ କୁକୁଡ଼ା ଶବ୍ଦରେ
ମୋ ନିଜର ଅନ୍ଧାରରେ ଶେଯ ଚକ୍‌ଟି ଉଠିଲେ ସେମାନେ
ଓ ହସିଲେ ମତେ ଦେଖି ନିଛାଟିଆ କାଗଜ କୂଳରେ ୧୦
ଯେଉଁଠି ପଛରେ ଅଛି ସନ୍ଦିହାନ ବୁଝାମଣା ଏବଂ
ସାମ୍ନାରେ ଥଟ୍ଟାର ହାଓ୍ବାଦ୍ୱାରା ଖର୍ବ ପ୍ରତିଜ୍ଞା ଦେଖୁଚି ୧୧
ଚନ୍ଦ୍ରର ପାଲିସ୍‌କରା ପୋଖରୀର ଅକାତକାତରେ
ଲମ୍ବିଥିବା ତାଳଗଛ ନାହିଁ ଆଉ । ଭଙ୍ଗାଭଙ୍ଗି ଛିଣ୍ଡା କାଗଜରେ
ସତେକି ଅସଂଖ୍ୟ ଛୋଟ କଳାଗାର କିଏ ଗାରେଇଚି
ସତେକି ପ୍ରତ୍ୟେକ ଗାର ଗୋଟେ ରାତି
ମୋ ସଂକ୍ଷିପ୍ତ ଜୀବନଯାତ୍ରାରେ । ୧୬

ଯୀଶୁଖ୍ରୀଷ୍ଟ

ମୁଁ ମୋର ମଟର ନେଲି ସମୁଦ୍ରର ଉପରେ ହଠାତ୍
ଚକ ଫାଟିଗଲା । ସୁତରାଂ ମୁଁ ଓହ୍ଲାଇ ଜ୍ୟାକ୍ ଓ ଲିଭର
ଧରି ଛିଡ଼ା ହେଲି ଟାଣ ସମୁଦ୍ରର ମାଟିରେ ଓ ମରାମତି
                                        କଲାବେଳେ ତାକୁ
ଅପସୃତ ସାମ୍ୟ ମତେ ଧିକ୍‌କାରିଲା କାହା ସାଙ୍ଗେ
                                        ନ ଆସିଲି ବୋଲି
ଯେ ହୁଏତ ଧୋଇ ନେଇ ଗିଳିଥାନ୍ତା
                                        ମୋ ଲଜ୍ଜିତ ମୁହୂର୍ତ୍ତମାନଙ୍କୁ
ଯେତେବେଳେ ଭୁଲ୍ ଘୋଡ଼ା ଚଢ଼ି ଆମେ ଭୁଲ୍ (ନିମ୍ନ) ବାଟେ ଯାଉଁ ଚାଲି ।
କିଏ ଜାଣେ କେତେବେଳେ ଅଲାଜୁକ ଆଶାର ସାୟାହ୍ନେ
ମୃତ୍ୟୁ ସାଙ୍ଗେ ଅଚାନକ ମୁଁ ଠୋକର୍ ଖାଇଯିବି ବୋଲି ।

ଦୂରର ଲହଡ଼ିମାନେ ସ୍ୱାଗତର ଚକ୍‌ଚକ୍ ଧଳା
ଆଲୁଅ ସଜାଡ଼ି ଥିଲେ । ମୁଁ ହଠାତ୍ ଦେଖିଲି ସାମ୍ନାର
ରାସ୍ତାରେ ରହିଚି ବହୁ ଯାତାୟାତ ଚିହ୍ନ ଓ କାହାର
ଯିବା ପଛେ ପଛେ ଉଠିଥିବା ଧୂଳି ବସିନି ଏ ଯାଏଁ ।
ହୃଦୟ ଚମକି ଗଲା, ଲୁହ ଭର୍ତ୍ତି ହେଲା ମୋ ଆଖିରେ,
ଆକସ୍ମିକ ଦୁର୍ବଳତା ଘୋଟିଗଲା, ଛାପ୍ ଛାପ୍ ଆଖିର ଅନ୍ଧାର
ଭିତରେ କିଏ ସେ ଜାଣେ (ହାୟ ହାୟ ସନ୍ଦେହ !) ହୁଏତ
ମୃତ୍ୟୁ ସାଙ୍ଗେ ଭୁଲ୍ ଘୋଡ଼ା ଚଢ଼ି ମୁହିଁ ଠୋକ୍‌କର ଖାଇବି ।

ନିଃସହାୟ ଯନ୍ତ୍ରଣାରେ ମୁଁ ବୁଝିଲି ସେ ଗଲା ମୋ ଆଗେ
ଲହଡ଼ିଙ୍କ ସ୍ୱାଗତର ଚକ୍‌ଚକ୍ ଧଳା ସମ୍ବର୍ଦ୍ଧନା
ପରେ ସେ ଲିଭାଇ ଦେବ ସବୁ ବତି ଗୋଟି ଗୋଟି କରି
ମତେ ଏକୁଟିଆ ଛାଡ଼ି ଭଙ୍ଗା ଏକ ମଟର ସହିତ ୨୦
ଅନ୍ଧାର ସମୁଦ୍ର ମଧ୍ୟେ ଲକ୍ଷ୍ୟହୀନ କାଳର ଘଟଣା
ଭିତରେ ଗାଇବା ଲାଗି ଅର୍ଥହୀନ ଅବୋଧ୍ୟ ଗୀତ ଓ
ଆଶା କରିବାକୁ ମୋର ପଡ଼ୋଶିନୀ ଆସି ମୋର
ଦୁଆରେ ଡାକିବ, ୨୩
ମୋ ସ୍ୱାମୀ ନାହାନ୍ତି ଆଜି, ଆସ ଆମେ ପ୍ରେମ କରିବା, ଓ
କିଏ ଜାଣେ, କାଲି ତମେ ମୃତ୍ୟୁ ସାଙ୍ଗେ ଠୋକ୍‌କର ଖାଇବ।

ସେ ପ୍ରତିହିଂସାର ପ୍ରିୟ। ପଡ଼ୋଶିନୀ ନାହାନ୍ତି ମୋହର।
ମୁଁ ଜାଣେ ଯେ ସକାଳେ ମୁଁ ଠିଆ ହେବି ବଜାର ମଝିରେ
ଲଙ୍ଗଳା ହୋଇ ଓ ମୋର ସ୍ୱର ଶୁଣା ଯିବନି କାହାକୁ।
ମୋ ସାମ୍ନାରେ ଦଳେ ଛୁଆ ନାଚୁଥିବେ ଅସଭ୍ୟ ଭାବରେ।
ମୋର ଗତି ବିଦ୍ଧ ହେବ ସହସ୍ର ବେଶ୍ୟାଙ୍କ ୩୦
ଫାଙ୍କା ପେଟମାନଙ୍କର ଅଚ୍ଛାଦ୍ୱାରା ନିର୍ମିତ କ୍ରୁଶରେ। ୩୧

ପ୍ରତ୍ୟାବର୍ତ୍ତନ

ଆଉ ନାହିଁ ଅସୀମ ପର୍ବତ ଏକ ଛାପ୍ ଛାପ୍ ଚନ୍ଦ୍ର କିରଣରେ
କିଞ୍ଚିତ୍ ସ୍ପଷ୍ଟ ହେବା ସତ୍ତ୍ୱେ ତା'ର କଳା ମାତ୍ର ପରିଷ୍କାର
ଜଙ୍ଗଲର ହଜିଯିବା ଆକାଶର ତୃଷାର୍ତ୍ତ ଅନ୍ଧାରେ ।
ଆଉ ନାହିଁ ଶ୍ୱାପଦସଙ୍କୁଳ କେଉଁ ନିଛାଟିଆ ସଡ଼କ ପୋଲରେ
ବସି ରାତି ଦୁଇଟାରେ ଚାହେଁ ଗୋଟେ ପେଚା ଧାନବିଲ
ନଈ ପରି ବନ୍ଧ ଭାଙ୍ଗି ମିଶେ କେଉଁ ଦୂର ସମୁଦ୍ରରେ ।

ଆଉ ନାହିଁ ଏ ସୁନ୍ଦର ଜହ୍ନ ଆରପାଖେ
ଚାହିଁବାର ଅସରନ୍ତି ସ୍ୱପ୍ନ ଏବଂ ଭୁଲିବାର ବିସ୍ମୃତି ଭିତରେ
ମନେ ରଖିବାର ବାଟ ହଜିଗଲା ଅବାଧ କ୍ଲାନ୍ତିରେ,
ଲଫଙ୍ଗା ମନର ଆଶା ବୁଲୁଥିଲା ବେଳେ ଅନ୍ଧାରରେ
ରକ୍ତାକ୍ତ ମୋଡ଼ାଣିଠାରେ ଅସମ୍ପୂର୍ଣ୍ଣ ସ୍ମୃତି ଝୁଣ୍ଟିପଡ଼ି
ଆତ୍ମ ସମର୍ପଣ କଲା କୁରାଢ଼ିର ଇରୁଣ୍ଡିବନ୍ଧରେ ।

ଡେଣା ଫଡ଼ଫଡ଼ କରି ଉଡ଼ିଗଲା ପେଚା ଓ ମୋହର
ଭଙ୍ଗାଭଙ୍ଗି ଇଚ୍ଛା କରେ ଉଦ୍‌ଭାସିତ ଶୋଇବା ଘରକୁ ।
କେଉଁ ଦୟାଶୀଳା ଶୋଇ ମୋ ନିଃସଙ୍ଗ ବିଛଣା ଉପରେ
ତା'ର ଅନୁଗ୍ରହ ଯାଚେ । ପଳାତକ ସ୍ୱପ୍ନର ହାୱାରେ
ଆଉ କିଏ ଚାଲିଗଲା ଧିକ୍ କରି ପାଇବାକୁ ମୋର,
ଧିକ୍ କରି ମୋ ଶେଯକୁ ତାରାଙ୍କର ଆକାଙ୍‌କ୍ଷା ସାମ୍ନାରେ ।

ମୁଁ ତା'ପରେ ଦେଖିଲି ମୋ ଶେଯ ଏବଂ ଶୋଇବା ଘରକୁ ।
ସେ ମୋ କ୍ଲାନ୍ତି ବୁଝିପାରି ହସୁଥିଲା । କିଛି ଚନ୍ଦ୍ରକିରଣ ଘରର
ଝର୍କା ବାଟେ ପଡୁଥିଲା ତା'ର ଖୋଲା ପେଟର ଉପରେ,
ଓ ମୋର ପଡ଼ିଲା ମନେ ଆସ୍ତେ ଆସ୍ତେ ପାହାଡ଼ ଉପରେ
ଚାହିଁ ବସିଥିବା ଏକ ତାରା କଥା । ସେ ସେମିତି ହସୁଥିଲା, ମୋର
ମନେପଡ଼ିଲା ବି ଗୋଟେ ପେଚା ଚାହେଁ ଅବନ୍ଧା ଅନ୍ଧାରେ
ଧାନବିଲ ଆଡ଼େ ଯାହା ସମ୍ଭବତଃ ଶେଷ ହୁଏ ନାହିଁ ।

ମୁଁ ତାକୁ ଚାହିଁଲି ପୁଣି, ତା' ଜଙ୍ଘର ଡେଣାରେ କୁଆଡ଼େ
ଉଡ଼ିବାର ଚେଷ୍ଟା ମୋର ମରିବାକୁ କୁତୁକୁତୁ କରେ ।
ଜହ୍ନର ଆଲୋକେ ଏକ ତାରା ପରି ଜଳି ସେ କହୁଚି,
ମୋ ଭଲ ପାଇବା କ'ଣ ଜାଗା ହେବ ତମ ବିଛଣାରେ ?

ଜହ୍ନରାତି

ଯେତେକ ପଡ଼ିଆ ଜମି ସବୁ ମିଶି ଗୋଟିଏ ସଫେଦ୍
ବିଛଣା ଚାଦର ଯା'ର ଶେଷ କାହିଁ ଆରମ୍ଭ ବି କାହିଁ,
ଠିକ୍ ମୋର ଦେହ ପରି। ଆକାଶ ବି ପ୍ରାୟ ତମ ପରି।
ବେଳେବେଳେ ମନେହୁଏ ମୁଁ ଆକାଶ, ପ୍ରଶସ୍ତ ଅଥଚ
ଫାଙ୍କା, ଏବଂ ଦେଖୁଅଛି ପୃଥିବୀ ଯେପରି
ତମେ ଠିକ୍ ସେହିପରି ମେଲା କରିଅଛ ହାତମାନ,
ଯେଉଁଠାରେ ଓହ୍ଲାଇଲେ ସେହିଠାରେ ତମ ଆଲିଙ୍ଗନ।

ଦୂରରେ ଦିଶୁଚି ଜମି ଓ ଆକାଶ
ମିଶିବାର ଭ୍ରମ।
ତମେ ହେଲେ ଉଡ଼ିଆସ ପ୍ରବାସରୁ
ହେ ମୋ ବିହଙ୍ଗମ।
ମୁଁ ଏଠାରୁ ପାରିବିନି ଘୁଞ୍ଚି କାଳେ
ଜହ୍ନ ବୁଡ଼ିଯିବ।
କାଳେ ମୁଁ ଫେରିବା ବେଳେ ସୂର୍ଯ୍ୟାଲୋକେ
ବାଟ ନ ଦିଶିବ।

ଅନନ୍ତଶୟନ

୧

ସାପ ବି ଗୋଟିଏ ଶେଯ, ବରଂ ବେଶି ନିରାପଦ, ନିଦ
ମାନେ କ'ଣ ? ମଚ୍‌ମଚ୍‌ ଅନ୍ଧାରର ବଖରା ଭିତରେ
ନିଛାଟିଆ ଧୂଳି ପରି ଆତ୍ମା ହଜେ, କିମ୍ବା କେଉଁ ଏକାକୀ ଶଗଡ଼
ବାଲାର ସଙ୍ଗୀତ ପରି ଜଙ୍ଗଲର ନିଃଶବ୍ଦ ରାତିରେ ।
ସାପ ବି ପାରିବ ନାହିଁ ଧରି ତାଙ୍କ ଫେରାର୍‌ ଆତ୍ମାକୁ
ଯାହା ଫେରି ଚାଲିଗଲା ବାରମ୍ବାର ଯାଚି ହେଲା ପରେ,
ଲେଉଟି ଚାହିଁଲା ନାହିଁ ଡାକୁଥିଲୁ ଫେରି ଆସ ବୋଲି
ବାରଣ୍ଡା ଉପରେ ବସି ଦେହ ଢାଙ୍କି ପଶମବସ୍ତ୍ରରେ ।

ସାପ ବି ପାରିବ ନାହିଁ । ସାପ ଜିମା ଛାଡ଼ି ଦେଇଗଲେ
ଦେହର ଇଲାକା, ଏବଂ ମୃତବତ୍ସା ପତ୍ନୀଗୋ ମୋହର,
ମୁଁ ତମ ଜିମାରେ ଖାଲି ଅଧାବୁଣା ସ୍ୱେଟରଟେ ଦେବି ?
କେତେଖଣ୍ଡ ପାଇଜାମା, ଏବଂ କିଛି ବିଛଣା ଚାଦର ?

ଏବଂ ମୁଁ ଅଗ୍ନାଗ୍ନି ବଣେ ଶୁଆ ତଥା ଅନ୍ୟାନ୍ୟ ଚଢ଼େଇ
ମାନଙ୍କୁ ତଡ଼ିବା ପାଇଁ ଧାନକ୍ଷେତେ ବାଉଁଶରେ ବନ୍ଧା
ସଫେଦ୍‌ କନାର ଅଟେ ଅଭ୍ୟନ୍ତର । ଖୁବ୍‌ ଏକୁଟିଆ ।
ମଧ୍ୟାହ୍ନ ଝାଞ୍ଜିରେ ଦଗ୍‌ଧ ଅନ୍ୟତମ କଟୁଆଳ ଯା'ର
ଈର୍ଷାର ସାମ୍ରାଜ୍ୟେ ଅଟେ ସେ ସମ୍ରାଟ, ତମେ ଜଣେ ଇତର କୃଷକ,

କୃତାଞ୍ଜଳିପୁଟେ ମତେ କହୁଅଛ ରକ୍ଷାକର ପ୍ରଭୁ !
ମୁଁ ତଥାସ୍ତୁ କହି ଡାକେ କିଏ ଅଛ ଆରେ ପାଖଲୋକ,
ଶୁଆଙ୍କୁ ମାରିବା ଚାଲ, ଦରବାର ଆଜି ବନ୍ଦ ହେଉ ।
ମୁଁ ଖାଲି ଏତିକି ଦେବି, ହେ ମୋ ପତ୍ନୀ,
ମାଆ ମୋର ମୃତ ଛୁଆଙ୍କର ?

ଏବେ ବି ଦିଶୁଚ ତମେ ତୋଫା ବଣ ଗଙ୍ଗଶିଉଳିର
ମଧ୍ୟାହ୍ନ ଖରାରେ ଦଗ୍ଧ ପତ୍ର ପରି । ଏବେ ବି ରାତିରେ
ଅସ୍ପଷ୍ଟ ପାହାଡ଼ତଳେ ଦପ୍ ଦପ୍ ଜଳିବା ନିଆଁର
ନିମନ୍ତ୍ରଣ ତମ ଦେହେ । ଖରାର ଘଣ୍ଟାରେ
ଏବେ ବି ହୋଇନି ସନ୍ଧ୍ୟା । କିନ୍ତୁ କେଉଁ ହଠାତ୍ ଝଡ଼ରେ
ଆମର ଜାହାଜ ହେଲା ଚୁର୍‌ମାର, ଏବଂ ତମେ ଭାସିଗଲାବେଳେ
ଅସହାୟ ହୋଇ ଆର ତକିଆକୁ ଆଖି ପିଛୁଳାକେ
ମୋ ବାର୍ଦ୍ଧକ୍ୟ କାନ୍ଦୁଅଛି ଶୂନ୍‌ଶାନ୍ ମଧ୍ୟରାତ୍ରିବେଳେ ।

ମୁଁ ତମ ଦୁଃଖରେ ଆଜି ମ୍ରିୟମାଣ, ହେ ମୋ ପତ୍ନୀ,
ମାଆ ମୋର ମୃତ ଛୁଆଙ୍କର !
ହେ ମୋ ମାଂସର ମାଂସ, ଅସ୍ଥି ମୋର ନିଜର ଅସ୍ଥିର !
ମୁଁ ନୁହେଁ, ତମେ ହିଁ ଆଜି ହଜିଗଲ ।
ଶ୍ୱାସ ଶୁଭେ ଶଙ୍ଖେ ଶବ୍ଦ ପରି
ଓ ମୋର ମୃତ୍ୟୁର ଫାଙ୍କା ଦର୍ପଣରେ
ଦିଶେ ମୃତ୍ୟୁ କେବଳ ତମରି ।
ତମର ଦକ୍ଷିଣ ଚକ୍ଷୁ ସ୍ଫୁରୁଅଛି, ଏବଂ ଢାଙ୍କି ତୈଳାକ୍ତ ସ୍ତନକୁ
ନାଲି ମନ୍ଦାରର ମାଳେ ତମେ ଚାଲ ଦକ୍ଷିଣ ଦିଗକୁ
ମଇଁଷି ପିଠିରେ ଚଢ଼ି । ମୁଁ କାନ୍ଦୁଚି ତମ ମେଲାଣିରେ ।
ଏଇ ଆମର ଶେଷ ଦେଖା । ସରିଗଲା ସମ୍ପର୍କ ଏଠାରେ ।
ସେ ବି କାନ୍ଦୁଥିଲେ, ଏବଂ ସମୁଦ୍ରର ପର୍ବତପ୍ରମାଣେ
ଢେଉ ଉଠି ଭାଙ୍ଗୁଥିଲେ, ଚୁପ୍‌ଚାପ୍ ସବୁ ତାହାପରେ ।
ଅସହ୍ୟ ଏ ନିସ୍ତବ୍ଧତା । ତାରାଙ୍କର ଆଲୋକ ଅନ୍ଧାର

ରାତିରେ ପାହାଡ଼ଙ୍କର ଉପରେ ଓ ପଶ୍ଚାତେ ଦିଶିବା
ନିସ୍ତବ୍ଧ ଶୂନ୍ୟତା ଅଟେ ଅସହ୍ୟ ଓ ବିସ୍ଫୋରଣ
ପ୍ରତି ସେକେଣ୍ଡ୍‌ରେ।
ଅସହ୍ୟ ଅର୍ଥଙ୍କ ଭଙ୍ଗା କାଚ ଉଡ଼ି ଖାବରା କରନ୍ତି
ହୃଦୟର ଭିତରରେ ପିନ୍ଧା ମୁହଁ, ଆହା ଉଲ୍ଲୁ ପୃଥିବୀଯାକର!
ତମର ଚୌଦିଗେ ମୃତ୍ୟୁ, ଏବଂ ତା'ର ଥଣ୍ଡା ଥଣ୍ଡା ହାତ
ଚିପିବାକୁ ଆସେ ତମ ବେକ। ଉଲ୍ଲୁ! ଉଲ୍ଲୁ!
ଶିଖିନ କାନ୍ଦିବା ଲାଗି ଯନ୍ତ୍ରଣାରେ, ଢେଉପରି ଭାଙ୍ଗିବା ନିମିତ୍ତ।

୨

ଅନ୍ଧାର ଶୋଇବା ଘର ପରି ଅଟେ ରାତିର ଅନ୍ଧାର।
ନିଃଶ୍ୱାସ ଘୋଷଣା କରେ ଶେଯ ଏଠି, ସେଠାରେ ମୋ ଲୁଗା,
ବାସ୍ନା ମଧ୍ୟ ଭଲ କାମ କରେ, କାରଣ ମୁଁ ଛୋଟା ଜାନୁଆର୍
ଆଖି ନ ଥିଲେ ବି ପାରେ ତମ ପଛେ ଘୁଷୁରି ତମର
ଝାଳର ବାସ୍ନାକୁ ଶୁଙ୍ଘି ଯାହା ଅଟେ ଏକାଧାରେ ପ୍ରତାରଣା ଏବଂ
ମୋର ପଥପ୍ରଦର୍ଶକ। ଢେଣା ମୋର ଆଦୌ ଲୋଡ଼ା ନାହିଁ।
ମୁଁ ବେଶ୍ ଆରାମ କରେଁ ମୋ' ଶୋଇବା ଘରର ନଦୀରେ।
ଆମର ପ୍ରଥମ ଦେଖା ବହୁଦୂର ପର୍ବତରୁ ବହି
ପାଣି ତାକୁ ପୂର୍ଣ୍ଣ କରେ ଓ ଆଗାମୀ ସମୁଦ୍ର ଜୁଆର
ତାହାକୁ ବିକ୍ଷୁବ୍ଧ କରେ। ମୁଁ ଭାସେ ସେ ଉଷୁମ ପାଣିରେ।
ଉତ୍ତପ୍ତ ବି, ମରୁଭୂମି ପରି, କିନ୍ତୁ ଆଛନ୍ନ ତା' ଅଭେଦ୍ୟ ଅନ୍ଧାରେ।

ଦୁଇକଥା ଅବାନ୍ତର। ନର୍ତ୍ତକୀ ମୋ ଶୋଇବା ଘରର
ସର୍କସ ମଞ୍ଚରେ ହୁଏ ବିବସ୍ତ୍ର ଓ ମୋର ବଣ୍ୟ ହାତ ଆଉଁଶାରେ
ଆତ୍ମସମର୍ପଣ କରେ। ତାହା ପରେ ହଳଦିଆ ପତ୍ର ପରି ଉଡ଼େ
ପବନରେ ଅନ୍ୟ ଏକ ଅଜ୍ଞାତ ଓ ଦୂର ଗାଆଁ ଆଡ଼େ।

ନର୍ତ୍ତକୀକୁ ପଚାରିଲି ପୁଣି କେବେ ଦେଖା ହେବ ବୋଲି।

ଆଦୌ ନୁହେଁ, ସେ କହିଲା। ମୁଁ କହିଲି ତା' ହେଲେ ତମର
ପଛେ ପଛେ ମୁଁ ଚାଲିଲି ସେ ଗାଆଁକୁ। ସେ କହିଲା,
ତାହା ଅସମ୍ଭବ
ତମେ ହୋଇପାର ଏକ ହଳିଆପତ୍ର ଏବଂ ଉଡ଼ି ମଧ୍ୟ ପାର,
ଆମେ ହେବା ଦୂରତର, ପବନ ବୋହେନି କେବେ
ଦୁଇଥର ସମାନ ରାସ୍ତାରେ।
ସେ କଥା ବିଲ୍‌କୁଲ୍ ସତ, ମୁଁ ଉଲ୍ଲୁ ପିନ୍ଧିବି ମୋର ମୁଣ୍ଡରେ ଏଥର
କ୍ରିକୋଣାକାରର ଗୋଟେ ଗଧଟୋପି
ପାଳିବାକୁ ଜୁବିଲି କ୍ଷତିର।

ତମକୁ ହଜାଇ ଅଛି ସେଦିନର ପାହାନ୍ତାରେ ଯେତେବେଳେ ଗଛରୁ କାକର
ଟପ୍ ଟପ୍ ପଡୁଥିଲା ଏବଂ ତମେ ବାଷ୍ପମୟ କେନାଲ ପାଣିରୁ
ଉଠି ଆସୁଥିଲ, ଏବଂ ହଜାଇଲି ଅନ୍ୟଦିନ ଯେବେ
ତମେ ମୋ ସାଙ୍ଗରେ ବୁଲି ବାହାରିଲ। ମାଆମାନେ ଅନ୍ଧବିଶ୍ୱାସରେ
ଛୁଆଙ୍କ ଛାତିରେ ଛେପ ପକାଇଲେ। ଆଉ ଦିନେ ହଜିଲା ଅନ୍ଧାର
ଶୋଇବା ଘରର ମଞ୍ଚେ ନାଚୁଥିଲାବେଳେ ସର୍କସରେ।
ତମକୁ ମୁଁ ଦୃଷ୍ଟି କିମ୍ବା ବାସ୍ନା କିମ୍ବା ଅଭିଜ୍ଞତାଦ୍ୱାରା
ଅଟକାଇ ପାରି ନାହିଁ, ବର୍ତ୍ତମାନ ତମେ ଦୂର ଅଜ୍ଞାତ ଗାଆଁରେ
ଯେହେତୁ ନାଚୁଚ ତେଣୁ ବର୍ତ୍ତମାନ ଦେଖ ମୁଁ ପିନ୍ଧିଲି
ତ୍ରିକୋଣାକାରର ଗୋଟେ ଗଧଟୋପି ପାଳିବାକୁ କ୍ଷତିର ଜୁବିଲି।

କିନ୍ତୁ ଆମେ ପରସ୍ପରଠାରୁ ଦୂର ହେବାର ଆଗରୁ
ମୁଁ ସ୍ୱୀକାର କରୁଅଛି ମୁଁ ତମଠୁଁ ଯାହା ଶିଖିଅଛି।
ଉଲ୍ଲୁର ତ୍ରିକୋଣାକାର ଗଧ ଟୋପି ତଳେ ମଧ୍ୟ ଅକସ୍ମାତ୍ ଥାଏ
ମୁଣ୍ଡର ମସଲା କିଛି। ତମେ କେବେ ଏକା ନାଚ ଦି'ଥର ନାଚିନ।

ମଧ୍ୟାନ୍ତରବେଳେ ଯେବେ ମୁଁ ଚାହିଁଚି, ଗ୍ୟାଲେରୀରୁ ତମେ ବି ଚାହିଁଚ
ଗ୍ରୀନ୍‌ରୁମ୍ ଅନ୍ତରାଳୁଁ ପୂର୍ବନାଚ କିପରି ମିଳାଏ।

ସେତେବେଳେ ଆମେ ଦୁହେଁ ଏକାକାର, ଚାହୁଁଥିଲୁ ପିଲାଙ୍କର ପରି
ଆମର କାଗଜ ଡଙ୍ଗା ବର୍ଷାପାଣି ସ୍ରୋତେ ଭାସିଯାଏ।
ଆମର ଏକାଠି ହେବା ସେହିପରି ମଧ୍ୟ ଭାସିଯାଏ।
ଆଉ ମଧ୍ୟ ବୁଝିଅଛି ତମେ ଖାଲି ନାଚିଛ ରାତିର
ଅନ୍ଧାରରେ ଓ ମୁଁ ଅନ୍ଧ ଥିଲାବେଳେ। ସୁତରାଂ ଏ କ'ଣ ସମ୍ଭବ
ଯେ ମୁଁ ନିଜେ ଥିଲି ସବୁ, କାଗଜର ଡଙ୍ଗା ଏବଂ ମୁହୂର୍ତ୍ତ ନାଚର?

୩

ତା'ହେଲେ ସେ ତମେ ନୁହଁ, ମୁଁ ବି ନୁହେଁ, ତାହା ଖାଲି ନାଚ
ଯାହା ଦେଖା ଯାଉଥିଲା ତମପରି ଅଥବା ମୋ ପରି।
ଯେତେବେଳେ ତମେ ଓ ମୁଁ ନ ରହିଲୁଁ ତମେ ଓ ମୁଁ ହୋଇ
ନାଚ ଖାଲି ରହିଗଲା ତମକୁ ଓ ମତେ ବାଧ୍ୟ କରି
ମାପିବାକୁ ନିଜକୁ ଓ ପରସ୍ପରେ ଭୟଙ୍କର ଛାଇର ନିକ୍ତିରେ
(କାହାର ବିଷଣ୍ଣ ମାତ୍ର ପରିଷ୍କାର ମୁହଁ ଦେଖାଯାଏ
ସ୍ମୃତିର ଝାପ୍‌ସା ପିଣ୍ଡାକୋଣେ ଗାଢ଼ ଅନ୍ଧାର ଭିତରେ,
କଥା ନାହିଁ ବାର୍ତ୍ତା ନାହିଁ, ପୂର୍ଣ୍ଣ କରେ ଶୂନ୍ୟ ବର୍ତ୍ତମାନ
ତା' ନିଜର ମୂକ କିନ୍ତୁ ପ୍ରଶସ୍ତ ଓ ପ୍ରାଞ୍ଜଳ ଦୁଃଖରେ)।

ନାଚ ଖାଲି ରହିଗଲା, ଧୂଆଁପତ୍ର ଫୁଲର ରଙ୍ଗର
ଆଲୁଅ ମଞ୍ଚରେ ଏବଂ ରିକ୍‌ସାମାନେ ଛୁଟୁଥିଲେ ରାସ୍ତାରେ ଯଦିଓ
ପହଞ୍ଚୁ ନ ଥିଲେ କେବେ କେଉଁଠାରେ। ରହିଗଲା ଖିଆଲୀ ସୂର୍ଯ୍ୟଟେ,
ସାଫ୍ ସାଫ୍ ମନା କଲା ଅସ୍ତ ହେବାଲାଗି ଏବଂ ବରଗଛ ଉହାଡ଼ରେ ଥିବା
ଅନ୍ଧକାର ମୁହଁ ସାମ୍ନା ବନ୍ଦ କଲା ଭିତରକୁ ଆସିବା ଦୁଆର।

ନାଚ ଖାଲି ରହିଗଲା ଏବଂ ବୁଢ଼ି ପୋଖରୀ ଭିତରେ
(ନିଶ୍ଚଳ, ଗଭୀର ପାଣି, ତାଳଗଛ ଛାଇଦ୍ୱାରା ମ୍ଳାନ)
ମୁଁ ଥଣ୍ଡା କରିଲି ମୋର ଆଖି ହଠାତ୍ ଯାହା ଝଲ୍‌ସି ଗଲା
ଯାହା ରହିଗଲା ମୋର ନିକଟରେ ତା'ର ତୀକ୍ଷ୍ଣ ଆଲୋକ ସାମ୍ନାରେ।

ମୁଁ ଦେଖିଲି ବନ୍ଦ ହେଲା କିଲ୍‌କିଲ୍ ବୋହିବା ପବନ,
ବନ୍ଦ ହେଲା ସମୁଦ୍ରରେ ଚାଲୁଥିବା ଜାହାଜ ହଠାତ୍,
ଲେଭେଲ୍ କ୍ରସିଂ ହେଲା ବନ୍ଦ ଏବଂ ଇଞ୍ଜିନ୍ ରେଳର
ମେଞ୍ଚା ମେଞ୍ଚା କଳା ଧୂଆଁ ଛାଡ଼େ ମାତ୍ର ଆସେନି ଆଗକୁ,
ଦୁଇ ପାଖେ ବନ୍ଦ ହେଲେ ଶଗଡ଼ ଓ ଅସଂଖ୍ୟ ମଟର।

ଏ କ'ଣ ପ୍ରଳୟ ତେବେ? କିମ୍ବା ମୃତ୍ୟୁ? ମୁଁ ଭାବିଲି ଛତାତଳେ ବସି
ତମର ଦେହକୁ ନୁହେଁ, ମୋର ତୀବ୍ର ଭୋକ ଲୋଡ଼େ ନାହିଁ
ତମର ଦେହର ସ୍ୱାଦ, ମୁଁ ଭାବିଲି ଛତାତଳେ ବସି,
ମୋ ଇଚ୍ଛାର ଚିତାବାଘ ଲମ୍ଫ ଦିଏ ଆକାଶ ମାର୍ଗରେ।
ତା'ପରେ ସେଠାରେ ଭାସେ ତୁଳାପରି, ଧୀରେ ଧୀରେ ଅଳସ ଭାବରେ।
ତୁଳାଠୁଁ ସୁନ୍ଦର କିନ୍ତୁ, ମଖମଲ୍ ସୁବର୍ଣ୍ଣରେ କଳା କଳା ଟୋପି।

ଭାସୁଁ ଭାସୁଁ ଆକାଶରେ ଅକସ୍ମାତ୍ ଛିଣ୍ଡି ଖସିପଡ଼େ
ଖଣ୍ଡ ଖଣ୍ଡ ହୋଇ ଭଙ୍ଗା କାଚ କିମ୍ବା କାନ୍ଦ କିମ୍ବା ବର୍ଷାର ରୂପରେ।

ମୋର ସେହି ମୁହୂର୍ତ୍ତରେ, ଖଣ୍ଡ ଖଣ୍ଡ ହେବା ମୁହୂର୍ତ୍ତରେ,
ଆକାଶରୁ ପଡୁଥିବା ମୁହୂର୍ତ୍ତରେ ମୁଁ ସେ ନାଚ ଯାହା ରହିଗଲା।
ନାଚି ନାଚି ଯାଏଁ ତମ ମରିବାର ପାତାଳକୁ, ଏବଂ
ହେ ଗୀତର ଅଗ୍ନିଦ୍ୱାରା ଦଗ୍ଧ ପକ୍ଷୀ, ସେଠି ବନ୍ଦୀ ହୁଏଁ
ତମର ମୃତ୍ୟୁର ଶେଷ ମୁହୂର୍ତ୍ତରେ ତମ ଖୋଲା ଥଣ୍ଟର ସଙ୍ଗୀତେ।
ହେ ମୋ ପଳାତକ ପକ୍ଷୀ, ମୁଁ ତମର ପଛେ ପଛେ ଧାଏଁ
କେଉଁ ଓଦା ଜଙ୍ଗଲର ଅନ୍ଧାରକୁ ମୋ ନିଜର ମୃତ୍ୟୁର ମୁହୂର୍ତ୍ତେ।

ମୁଁ କେଉଁ ଲାଭର ଆଶା ରଖି ମୋର ମୃତ୍ୟୁ ଭୁଲି ଗଲି?
ମୋ ଭଙ୍ଗା ପଞ୍ଜରା ହାଡ଼ ଦୁଲକୁଚି ତମର ସ୍ନେହର
ଏବଂ ଉଦାସୀନତାର ସଙ୍ଗୀତର ନିଷ୍ଠୁର ଆଘାତେ।
ସେ ମୁହଁ ସର୍ବଦା ଘୁଞ୍ଚେ ମୋ ମନର ଅନ୍ଧାର ଘରରେ।

ମୁଁ ସର୍ବଦା ଭିନ୍ନ ବାଟେ ଯାଏଁ ତା'ର ଉଦ୍ଦେଶ୍ୟ। ସେ ମୁହଁ
କଦାପି ହଜେନି ମାତ୍ର ଖୋଜିବାର ଅରଣ୍ୟ ଭିତରେ
ମୁଁ ସର୍ବଦା ହଜିଯାଏଁ, ସତେ କି ସେ ଡାହାଣୀ ଆଲୁଅ।
ତା'ପରେ ସେ ମୁହଁ ହସେ ମତେ ଚାହିଁ, ତା'ର ଧୂର୍ତ୍ତ ହସର ରହସ୍ୟେ
ମୁଁ ଭାବେ ଯେ ମୁଁ ବସିଅଛି ତମ ପାଖେ ବିଛଣା ଉପରେ,
କିମ୍ବା ମୁଁ ବୁଲୁଛି ଏକା ସହରର ନିର୍ଜନ ରାସ୍ତାରେ
ନିକାଞ୍ଚନ ରାତିସାରା, କିମ୍ବା ଆଉ ଅଳ୍ପ ଦୂର ଗଲେ
ତମେ ଓ ମୁଁ ମିଶିଯିବା ମୋ' ମନର ଅନ୍ଧାର କୋଣରେ।

କାହାକୁ କହିବି କ'ଣ ? ମୁଁ ଫେରାର୍ ପୁତ୍ର, ସ୍ୱାମୀ, ପିତା
ସାତ ବର୍ଷ ବୁଲିଅଛି ଦୂରଗାଆଁ ରାସ୍ତାରେ, ଧୂଳିରେ
ଖେଳୁଥିବା ପିଲାଙ୍କୁ ଓ ଯାଉଥିବା ପୋଖରୀ ତୁଠକୁ
ଯୁବତୀଙ୍କୁ ଅଟକାଇ କହିଛି ମୋ ଖୋଜିବାର କଥା।
ସମସ୍ତେ ଚାହିଁଲେ ମତେ କିଛି ହେଲେ ନ ବୁଝିବା ପରି,
ବିସ୍ଫାରିତ ହେଲା ଆଖି, ଟେକି ହେଲା ଅସଂଖ୍ୟ ଭୂଲତା।
ସାତ ବର୍ଷ ମୁଁ ବୁଲିଛି, ସାତ ବର୍ଷ ବରଗଛ ତଳେ
ଶୋଇ ମୁଁ ଭାବିଛି ସତେ କେତେ ଭଲ ଚିତାବାଘ ପରି
ଆକାଶରେ ଉଡୁଥିବା ବେଳେ ଭାଙ୍ଗିଯିବା କାଚ ପରି।

ସମସ୍ତେ ଭାଙ୍ଗିଲେ ବାଟ, କିଏ ଗଲା ଖେଳିବାକୁ କିଏ ଗଲା ଗାଧୁଆତୁଠକୁ।
କିଛି ଅବା ହୋଇ ନାହିଁ। ତମ୍ଭୁତଳେ ଶୋଇଥିବା ମଣିଷ ଦେଖୁଛି
ସତରଞ୍ଜିତଳ କୁଟା ଖାଉଚନ୍ତି କେତେଟା ବାଛୁରୀ
ଓ ସାମ୍ନାର ପୋଖରୀରେ କେତେ ଜଣ ପିଲା ଶୋଇଛନ୍ତି
ବେକଯାଏଁ କାଦୁଅରେ ବୁଡ଼ିଥିବା ମଇଁଷିଙ୍କ ନିର୍ଲିପ୍ତ ପିଠିରେ।

୪

ବହିତ୍ର ଲାଗିଲା ଯାଇ ସେମାନଙ୍କ ଆଖିର ବନ୍ଦରେ।
ଜାହାଜ ଉପରେ ବହୁ ମାଛରଙ୍କା ଚଢ଼େଇ ଉଡ଼ିଲେ
ଦେହରୁ ଆଇଁଷ ବାସ୍ନା ଛାଡ଼ି ଏବଂ ଅପରାହ୍ଣ ହାୱା ଦୋହଲାଇ

ଡେଣାର ପଙ୍ଖାର। ମାତ୍ର ଲିଭେ ନାହିଁ ମିଞ୍ଜିମିଞ୍ଜି ଆଲୁଅ ରାସ୍ତାରେ।
କୁହୁଡ଼ିର କ୍ୟାନ୍‌ଭାସ୍ ଉପରେ ସେ ଲାଲ ଟହଟହ
ଫଳ କ'ଣ ମତେ ଡାକେ ଆସିବାକୁ ଭିଡ଼ ଭାଙ୍ଗି ମିଛ ଶୁଭେଚ୍ଛାର ?
କିମ୍ବା ସେ ପ୍ରତ୍ୟାଶା ମୋର ଆପଣାର ପ୍ରଚ୍ଛନ୍ନ କ୍ଷୁଧାର ?
ସେ କି ନୀଳବତୀ ମୋର ଦପ୍ ଦପ୍ ଆଶାର ତାରାର ?
ସେ କ'ଣ ସୂର୍ଯ୍ୟାସ୍ତ ଦୂର ସମୁଦ୍ରରେ ନିର୍ଜନ ଦ୍ୱୀପର ?
କିମ୍ବା ସେ ମୋ ମରୁଭୂମି ପ୍ରଜ୍ୱଳିତ ସ୍ୱାଗତ ଯାହାର
ମୋ ଭାଗ୍ୟର ଦର୍ପଣରେ ପ୍ରତିବିମ୍ବ ମୋ ନିଜ ଅଗ୍ନିର ?

ରାସ୍ତାର ଆଲୁଅ କ'ଣ ଲିଭିବନି ? ବର୍ତ୍ତମାନ ଆକାଶ ଆଛନ୍ନ
ଆକାଶଠୁଁ ବଡ଼ ଏକ କଳା ଜହ୍ନଦ୍ୱାରା ଏବଂ ନିଶ୍ଚିହ୍ନ କୂଳର
ଲୋକମାନେ ଫିଙ୍ଗୁଚନ୍ତି ତାଙ୍କ ଲୁଗା, ତାହାପରେ ଆରମ୍ଭ କରନ୍ତି
ବୃତ୍ତାକାରେ ଠିଆ ହେବା, ଆସ୍ତେ ଆସ୍ତେ ଗୋଡ଼ ହଲାଇବା
ଯାହା ହୁଏ କ୍ଷିପ୍ରତର। ଚାରିପାଖେ ଆଲୁଅ ଖମ୍ବର
ଏକ ନାଚ। ସେମାନଙ୍କ ମୁହଁମାନ କ୍ରମେକ୍ରମେ ଅଦୃଶ୍ୟ ହୁଅନ୍ତି।
ସତେ ବା ସେ ମୁହଁ ସବୁ ଗଢ଼ା ଗୋଟେ ପାତଳ କାଚରେ,
ନିଜର ମୁକ୍ତିର ନୂଆ ଓଜନରେ ଚୂନା ହୋଇଯାନ୍ତି।

ରାସ୍ତାର ଆଲୁଅ ପାଚେ। ହୁତ୍ ହୁତ୍ ଜଳୁଥିବା ଡାଳିମ୍ବର ଲାଲ
ଛାଇଙ୍କର ବୃତ୍ତ ଆଉ ଫର୍ଚ୍ଚା ହୁଏ। ଯଦିଓ ତାଙ୍କର
ନାଚ ଚାଲିଥାଏ ଏବଂ ଚାଲିଥାଏ ଲୁଗାଫିଙ୍ଗା ଡାଳିମ୍ବଗଛକୁ
କୂଳ ହୁଏ ମରୁଭୂମି, ତା'ର ଦୈର୍ଘ୍ୟ ପ୍ରସ୍ଥର ଜ୍ୱଳନ
ସେମାନଙ୍କୁ ହୁରୁଡ଼ାଏ, ତଡ଼ିଦିଏ କାଁ ଭାଁ ଘାସର ବୁଦାକୁ।

ତା' ହେଲେ ମୁଁ ଚାଲିଚାଲି ଯାଉଛି ସେ ବାଲିର ନିଆଁରେ।

ତଣ୍ଟି ମୋର ଶୁଖିଯାଏ, ସତେ ବା ମୁଁ ଗିଳୁଅଛି ଶୁଖିଲା କାଗଜ।
ଆଣ୍ଠୁ ଥୁରୁ ଥୁରୁ ହୁଏ, ତଳିପାର ଫୋଟକା ସତ୍ତ୍ୱେ ମୁଁ
କାହା ପାଇଁ ଜାଣେ ନାହିଁ, କିନ୍ତୁ ଚାଲେ ତଥାପି ନିଆଁରେ।

ମୁଁ ଆଉ ଫେରିବି ନାହିଁ ମୋ ଦେଶକୁ ଯେଉଁଠାରେ ଯଥେଷ୍ଟ ଧାନର
କ୍ଷେତରେ ଚରନ୍ତି ଶୁଆ, ନିଆଁ ରହେ ସର୍ବଦା ଦୂରରେ।
ମୁଁ ଆଉ ଫେରିବି ନାହିଁ ମୋ ଦେଶକୁ। ଆକାଶଠୁଁ ବଡ଼
କଳା ଜହ୍ନ ତଳେ ବେଶି ଜଳିଲାଣି ବାଲି ଅଇଘରା।
ଛାଇମାନେ ମତେ ଘେରି ନାଚିଲେଣି। କ୍ରମେ କ୍ରମେ ଅସଂଖ୍ୟ ଚିକ୍‌କଣ
(ଓ ଉତ୍ତପ୍ତ) ପାହାଚରେ ମୁଁ ଖସୁଚି ପାଳଭୂତ ପରି।
ମୋ ସାମ୍ନାରେ ମଚ୍ ମଚ୍ ଅନ୍ଧାର ଓ ପଛଆଡ଼େ ପୂର୍ଣ୍ଣ ଧାନକ୍ଷେତ- ୧୯୦
ଭିତରେ ସେମାନେ ବସି କିଳୁଛନ୍ତି ଦର୍ଜ୍ଜା ହସିକରି। ୧୯୧

ସୂର୍ଯ୍ୟ

ଅନ୍ୟାନ୍ୟ ଦେବତାମାନେ କମ୍ ବେଶୀ ଜଣାଶୁଣା ମୋର।
ସମୁଦ୍ରଦେବତା, ଯାହାଙ୍କର ଲମ୍ବା ଚୌଡ଼ା ବାହାର କାନ୍ଥର
ନେଳୀ ମୁଲାଏମ୍ ଦିଶେ ଏବଂ ଘର ଭିତର କିପରି
ଜାଣିବା ବ୍ୟତୀତ ଅନ୍ୟ କୌତୂହଳ ଜାତ ହୁଏ ନାହିଁ।
ଅଗ୍ନିଦେବ, ମୁଁ ତାଙ୍କୁ ସ୍ମରଣ କରେ ଆତ୍ମପ୍ରତ୍ୟୟରେ
ଯେଣୁ ତାଙ୍କ ଇତିବୃତ୍ତ, ଯାହା ନୁହେଁ ପୂରାପୂରି ସମ୍ମାନଜନକ,
ମତେ ଜଣା କିଛି କିଛି, ଚାରିଆଡ଼େ ବିଶ୍ୱାସ ଏପରି
ରାବଣର ରନ୍ଧାଘରେ ଦାୟିତ୍ୱ ସେ ବୁଝୁଥିଲେ ବୋଲି
(ଛୋଟିଆ ଦାୟିତ୍ୱ ନୁହେଁ, ଅଭ୍ୟାଗତ ବହୁତସଂଖ୍ୟକ,
ବହୁତ ଭୋକିଲା ମଧ୍ୟ), ଲୋକମୁଖେ ଅପବାଦ ଅଛି
ଅଗ୍ନିଦେବ ପୋଡ଼ିଛନ୍ତି ବିଧବାଙ୍କୁ ବୁଢ଼ାଙ୍କର ସୁଖନିଦ୍ରା ଲାଗି।
ପବନ ଦେବତା, ସମସ୍ତଙ୍କ ଅଦୃଶ୍ୟ ହୋଇ ସେ
ଋତୁଙ୍କର ଆଗମନ ଓ ପ୍ରସ୍ଥାନ ଘୋଷଣା କରନ୍ତି।
ମୃତ୍ୟୁଦେବ, ସେ ଏକ ଭିକାରି ପରି ଆଣ୍ଠୁଭାଙ୍ଗି ଦୁଆରେ ଆସନ୍ତି
ଓ କ୍ଷମା ମାଗନ୍ତି ତାଙ୍କ ବଳାତ୍କାର ପ୍ରବେଶ ନିମିତ୍ତ।
ସେପରି କରିବା ଛଡ଼ା ଅନ୍ୟଗତି ନ ଥିଲା କହନ୍ତି।

ମୁଁ କିନ୍ତୁ ଚିହ୍ନିନି ସୂର୍ଯ୍ୟ ଦେବତାଙ୍କୁ ଭଲଭାବେ, ଯେଣୁ
ସେ ଉଠନ୍ତି ମୋ ଆଗରୁ, ଏବଂ ମୋର ହୁଏନି ସମୟ
ସୂର୍ଯ୍ୟାସ୍ତ ଦେଖିବା ଲାଗି ଲୋକମାନେ ଯଦିଓ କହନ୍ତି
ଯେ ସୂର୍ଯ୍ୟାସ୍ତ ଚମତ୍କାର, ଏକ ଦୃଶ୍ୟ ଅବିସ୍ମରଣୀୟ।

ଜନ୍ମ ଏବଂ ମୃତ୍ୟୁ ଲାଗି ସଚେତନ ପ୍ରଚେଷ୍ଟା ଯେହେତୁ
ପ୍ରୟୋଜନ ହୁଏ ନାହିଁ, ଯେହେତୁ ସେ ଦୁହେଁ ସ୍ୱତଃସିଦ୍ଧ
କୁକୁରର ଲାଞ୍ଜହଲା ପରି କିମ୍ବା ଆଖି ଲାଲ୍ ହୋଇଯିବା ପରି
ବାରମ୍ବାର ଆଖିମକ୍‌ଚା ସତ୍ତ୍ୱେ ଯେତେବେଳେ
କୋଇଲା ଗୁଣ୍ଡଟେ ରହେ ଏଡ଼ିଦେଇ ଲୁହର ଧକ୍କାକୁ
ମୁଁ ତେଣୁ ଲୋଡ଼ିନି କେବେ କରିବାକୁ ସୂର୍ଯ୍ୟୋଦୟ କିମ୍ବା ସୂର୍ଯ୍ୟାସ୍ତର
ପ୍ରଶଂସା। ବାକୀ ସୂର୍ଯ୍ୟ ଦ୍ୱିପ୍ରହର ବେଳେ
କର୍କଶ ଓ କ୍ଳାନ୍ତ ଜଣାଯାନ୍ତି, ସୁତରାଂ ଅନ୍ୟାନ୍ୟ ଜିନିଷ
ଦେଖିବାରେ ପ୍ରାୟ କଟେ ଅଧିକାଂଶ ମଧ୍ୟାହ୍ନ ମୋହର।

ଅଥଚ ମୁଁ ଅନ୍ଧାରରେ ଚିହ୍ନିଅଛି ସୂର୍ଯ୍ୟଙ୍କୁ, ଯେପରି
ନିଜର ଦେହର ଏକ ଅଂଶ ଜଣେ ଚିହ୍ନେ।
ମତେ ଲାଗେ ସବୁବେଳେ ଅନ୍ଧକାର ଇନ୍ଦ୍ରଜାଲ ପରି।
ନିଜଠୁଁ ଅଲଗା ଯାହା, ଯାହା ବିପରୀତ
ସବୁକୁ ପକାଏ ମନେ ଅନ୍ଧକାର ଓ ଭୁଲାଏ ସାଦୃଶ୍ୟମାନଙ୍କୁ।
ମେଘ ଦେଖି ମନେପଡ଼େ ବର୍ଷା, ବର୍ଷା ଦେଖି ନଦୀ
ଓ ପୋଖରୀ ଇତ୍ୟାଦି ଇତ୍ୟାଦି। ତମେ ବନ୍ଧା ମନର ଚକରେ।
ବାରମ୍ବାର ଉଠ ଏବଂ ପଡ଼ କିନ୍ତୁ ଦେଖନାହିଁ ସେ ଚକମାନଙ୍କୁ।

ସୁତରାଂ ସବୁ ସ୍ମୃତି କର୍ମ ପରି, ଚକ ପରି ଉଠାନ୍ତି ପକାନ୍ତି।
ପ୍ରେମିକାର ଆଲିଙ୍ଗନ ହେଉ କିମ୍ବା ହେଉ ଇଚ୍ଛା ଉଷ୍ଣତା ନିମିତ୍ତ
(ବରଫର ପରି ପଛେ ହେଲେ ହେଉ ଥଣ୍ଡା ତା'ର ଉତ୍ସ)।
ପ୍ରଥମେ ପ୍ରଥମେ ଲାଗେ ପିଞ୍ଜରାରେ ସାମାନ୍ୟ ଯନ୍ତ୍ରଣା,
ପତ୍ରଙ୍କ ଭିତରେ ହାଲ୍‌କା ହାଓ୍ୱା ପରି ଅସ୍ପଷ୍ଟ, ତା'ପରେ
କ୍ରମେ କ୍ରମେ ବଢ଼ି ତାହା ନିଜଠାରୁ ହୁଏ ବୃହତ୍ତର।
ଚୀନାପାତ୍ର ଯେଉଁପରି ଭାଙ୍ଗିଯାଏ ପଡ଼ିଗଲେ ଉଚ୍ଚ ଟେବୁଲ୍‌ରୁ
ତମେ ମଧ୍ୟ ଭାଙ୍ଗିଥାନ୍ତ ସେହିପରି। ତା' ପୂର୍ବରୁ ବିଚିତ୍ର ପ୍ରେରଣା
ମନେପଡ଼େ। ଏ ଜୀବନ କି ପ୍ରିୟ ପଦାର୍ଥ !

ଯାବତୀୟ ଅପମାନ ମଧ୍ୟେ ହୁଏ ମୂଲ୍ୟ ଆବିଷ୍କାର ।
ତମେ ପ୍ରାୟ ଭୁଲିଥିଲ ଜୀବନର ଉଦ୍ଦେଶ୍ୟ, ଅଦୃଶ୍ୟ
ଶକ୍ତିଙ୍କ ନିର୍ଦ୍ଦେଶନାମା । ତମେ ଯଦି ଦୁର୍ଭାଗ୍ୟରୁ ବୁଡ଼ିଯାଇଥାନ୍ତ
ପରସ୍ପର ପ୍ରଣୟର ପ୍ରଳୟରେ କିଏ ତମ ଜୋତା ମାଡ଼ିଥାନ୍ତା ?

ଅନ୍ଧାରରେ ଏ କଳ୍ପନା ହାସ୍ୟାସ୍ପଦ । ସେ ମନେପକାଏ
ତାହାର ବିରୋଧୀ ଯାହା । କିଛି ଦିନ ଅଭ୍ୟାସ ଉତ୍ତାରେ
ତମେ ପ୍ରାୟ ଦେଖିପାରି ଶୀର୍‌ଶୀର୍ ପବନକୁ ପତ୍ରଙ୍କ ଭିତରେ ।
ତମେ ପ୍ରାୟ ଧରିପାର ଯନ୍ତ୍ରଣାକୁ ଖିନ୍‌ଭିନ୍ ପିଞ୍ଜରା ଭିତରେ ।
ତମେ ପ୍ରାୟ ଜାଣିପାର ଦିନେ ଯାହା ଦେଖିଥିଲା ରାବଣ ଅଥଚ
ବୁଝିବାକୁ ଅସମର୍ଥ ହେଲା- ମୃତ୍ୟୁ ଆସେ ବିପରୀତ ଲକ୍ଷଣ ଦିଶିଲେ,
ମୂଷାମାନେ ଯଦି ହତ୍ୟା କରୁଛନ୍ତି ପ୍ରତାପୀ ସର୍ପଙ୍କୁ,
ବିରାଡ଼ି ଖାଆନ୍ତି ଯଦି କୁକୁର ମାଂସକୁ,
ବ୍ୟାଘ୍ର ଯଦି ଭୟ ପାଏ ମୃଗଠାରୁ, ଯଦ୍ୟପି ଶୂକରୀ
ଅକସ୍ମାତ୍ ଜନ୍ମଦିଏ ଘୋଟକମାନଙ୍କୁ ।
ଉପସଂହାରରେ ଖାଲି ବକ୍ତବ୍ୟ ଏତିକି
ଯଦି ଚତୁର୍ଦ୍ଦିଗ ହୁଏ ଆଚ୍ଛାଦିତ ଧୂଳିର ମେଘରେ
ଯଦି ଆସେ ଅନ୍ଧକାର ଅସମୟେ ସୂର୍ଯ୍ୟାସ୍ତ ଫଳରେ
ଯଦି ଗଜ ଅଶ୍ୱଙ୍କର ନେତ୍ରୁଁବହେ ଅଶ୍ରୁ ଧାରଧାର
ତେବେ ମୃତ୍ୟୁ ସୁନିଶ୍ଚିତ । ବାକି ସବୁ କେବଳ ବିଳମ୍ବ ।

ମୁଁ ସୁତରାଂ ଚିହ୍ନିଅଛି ସୂର୍ଯ୍ୟ ଦେବତାଙ୍କୁ, ଯଦିଓ ମୁଁ କ୍ୱଚିତ୍ ଦେଖିଛି
ପ୍ରତ୍ୟକ୍ଷ ଭାବରେ ତାଙ୍କୁ । ଲୋକମୁଖେ ପ୍ରବାଦ ରହିଛି
ଯେ ସୂର୍ଯ୍ୟ ପ୍ରସନ୍ନ ହେଲେ ଦୁରାରୋଗ୍ୟ ବ୍ୟାଧି ଭଲ ହୁଏ ।
ମୁଁ ତାହା ବିଶ୍ୱାସ କରେ । ଗଛରୁ ଝଡ଼ନ୍ତି
ପତ୍ର, ପ୍ରଥମତଃ ଆସ୍ତେ ଆସ୍ତେ, ତାହାପରେ ପ୍ରବଳ ଭାବରେ,
ପରିଶେଷେ ଗଛ ତା'ର ପତ୍ରଙ୍କର ବ୍ୟାଧିମୁକ୍ତ ହୁଏ,
ଫୁଲମାନେ ଶୁଖୁଚନ୍ତି ଧୀରେ କିନ୍ତୁ ନିର୍ଶ୍ଚିତ ଭାବରେ

ପ୍ରଥମେ ପାଖୁଡ଼ା ଦେହେ ଏକ କ୍ଷୀଣ କଳା ଚିହ୍ନ ଦିଶେ,
ତା'ପରେ କେଶର ଶୁଖେ। ଅନଭ୍ୟସ୍ତ ଲୋକ ଭାବିପାରେ
ଯେ ଏ ବ୍ୟାଧି ସାମୟିକ, ଖୁବ୍ ହେଲେ ବ୍ୟକ୍ତିଗତ ଅଟେ।
କିନ୍ତୁ ଦିନେ ସୂର୍ଯ୍ୟୋଦୟ ସମୟେ ସେ ଦେଖିବ ଧୂଳିରେ
ସେ ଫୁଲ ପଡ଼ିଛି ଝଡ଼ି, ଗଛ ମଧ୍ୟ କଳା ପଡ଼ିଲାଣି।
ମୁଁ ପୁଣି କହୁଛି ମୋର ଅଛି ବୋଲି ଅଟଳ ବିଶ୍ୱାସ
ସୂର୍ଯ୍ୟଙ୍କ ଶକ୍ତିରେ। ସମ୍ଭବତଃ ସୂର୍ଯ୍ୟ ଏକମାତ୍ର
ଦେବତା ଯାହାଙ୍କ ଯୋଗୁଁ, ଦିନ ହେଉ କିମ୍ବା ରାତି ହେଉ,
ସବୁ ପରିଷ୍କାର ଦିଶେ, କେଉଁଠାରେ ଆରୋଗ୍ୟ ମିଳିବ।

ବର୍ଷାଋତୁ

ଭୁଲ୍ ହେଲା, ମୁଁ ମାନୁଚି, ଭାଙ୍ଗି ଦେଇ ନ କହି ନ ପୋଛି
ମୋ ସଫେଦ୍ ବିଛଣାରେ ତମେ ଯେଉଁ ଘର ତୋଳିଥିଲ,
ପଟା କାଗଜର ଖୋଳ, ଇଟା, ଜୋତା, ଭଙ୍ଗା ଚଉକୀର
ବାହୁଦ୍ୱାରା, ଭୁଲ ହେଲା, କିନ୍ତୁ ତମେ ଅଚାନକ ଅନ୍ତର୍ଦ୍ଧାନ ହେଲ
ଆକାଶର ଅନ୍ଧାରରେ, ଏହା କ'ଣ ଯଥେଷ୍ଟ କାରଣ ?
ସନ୍ଧ୍ୟାବେଳେ ଆକାଶରେ ତାରା ସବୁ ମ୍ଲାନ ଦେଖାଗଲେ
ସତେ କି ତାଙ୍କର ବତି ଲିଭିଗଲା, ସତେ ଅବା ଓସାର ବନ୍ୟାର
ପରେ କିଛି ହଳଦିଆ ଏବଂ ସଢ଼ା ପତ୍ର ରହିଗଲେ
କାଦୁଅରେ ଲାଖି କରି ଘରଦ୍ୱାର ଭାସିଯିବା ପରେ ।

ହାଡ଼ସବୁ ଟକ୍ ଟକ୍ କଲେ ମୋର, ହଠାତ୍ ମୋ ଦେହର ଓଜନ
ଖୁବ୍ ଭାରି ମନେ ହେଲା, ମନେ ହେଲା ମୁଁ ଯେମିତି ଭାଙ୍ଗିବା ଉପରେ
ଓ ଛେଉଣ୍ଡ ପିଲା ପରି ଠିଆ ହେଲି ସେଦିନ ଅଣ୍ଡାରେ ।

ମୁଁ ସେଠାରୁ ଫେରିଗଲି ଶଗଡ଼ରେ, ଖାଲଢ଼ିପ ଅଣଓସାରିଆ
ବନ୍ଦର ହୁଡ଼ାରେ ଗଲି, ଦୁଇ ପାଖେ ଗଦା ଗଦା ଖତ
ଓ ଅନ୍ଧାର ଚାରିପାଖେ । ମୋ ଶଗଡ଼ଗାଡ଼ି ଦୋହଲିବ
ଓ ବଳଦମାନେ ରକ୍ତସ୍ନାନ ହେବେ, ଯାଉଥିବା ଲୋକେ ପଳାଇବେ
ଅନ୍ଧାରରେ କେଉଁଆଡ଼େ । ହେ ସମୁଦ୍ର ! ସବୁବେଳେ ଘୁଞ୍ଚିଲ ତମେ ତ
ଆଗକୁ ଆସିଲ ନାହିଁ ଦିନେ ହେଲେ । ମୁଁ ବା ଅଟେ କେତେ ଲକ୍ଷ ନଦୀ

ଯେ ମୋର ସ୍ରୋତର ପାଣି ଦିନେ ହେଲେ ତମକୁ ଭେଟିବ?
ମୁଁ ବା କେତେ ଲକ୍ଷ ସ୍ୱପ୍ନ? ଖାଲି ମୋର ବଳଦ ଝୁଣ୍ଟିବେ
ଅନ୍ଧାରରେ ପଥର ଓ ମୋ ଶଗଡ଼ ଦୋଳାୟିତ ହେବ।

ଏ ଅନ୍ଧାର ମଧେ କେହି ବନ୍ଧୁ ନାହିଁ, ଆଶ୍ରା ନାହିଁ, ଚୌଡ଼ା ଦେହ ନାହିଁ
ବୁଡ଼ାଇ ରଖିବା ପାଇଁ ତା' ନିଜର ଖୁସିର ହ୍ରଦରେ,
ମାଛ ସାଙ୍ଗେ ସାପ ସାଙ୍ଗେ ବେଙ୍ଗ ସାଙ୍ଗେ, ଏବଂ ଏ ସଡ଼କ
ଦୂରରେ ଦିଶୁଚି ଏକ ପରିତ୍ୟକ୍ତ ଷ୍ଟେସନ ଯେପରି
ବର୍ଷାଦିନେ ରାତିବେଳେ ଦିଶେ ସେଠୁଁ ଶେଷ ଗାଡ଼ି ଚାଲିଯିବା ପରେ
ପବନରେ ବତିସବୁ ଲିଭିଯିବା ପରେ ଏବଂ ଅପେକ୍ଷାଗୃହରେ
ଇତସ୍ତତଃ ବୁଲୁଅଛି ଇଞ୍ଜିନର ପରିତ୍ୟକ୍ତ ଡାକ।

ହଠାତ୍ ଏ ସଡ଼କରେ ବର୍ଷା ହେଲା, ମେଘ ହେଲା, ଘଡ଼ଘଡ଼ି ହେଲା,
ହଠାତ୍ ଅନ୍ଧାର ହେଲା କାନ୍ଥପରି ଓ ମୁଁ ହେଲି ଅକ୍ଷମ, ଅଚଳ।
ଲୁଗା ସବୁ ତିନ୍ତଗଲେ ଏବଂ ମୋର ଗ୍ରୀଷ୍ମର ଅଗ୍ନିରେ
ସିଝିଥିବା ମାଂସ ସବୁ ମୋ ଅସ୍ଥିରୁ ଖସିଲେ ଅସଂଖ୍ୟ
ଫୁଲପରି ଟପ୍‌ଟାପ୍। ପ୍ରବଳ ଗ୍ରୀଷମେ ହୋଇ ବିକଳ ସକଳ
ଚପଳଲୋଚନା ଗୋପନାରୀମାନେ ବ୍ରୀଡ଼ା ଛାଡ଼ି ପଶିଲେ ଜଳରେ
ଏ ସମୟେ ବୃନ୍ଦାବନୁ ବାହାରିଲେ କମଳନୟନ
ବିଚାରିଲେ ଗୋପିକାଙ୍କ ଅଙ୍ଗବାସ ଆଜ ଆମ୍ଭ ହରଣ କରିବା।

ମାଂସ ମଧ୍ୟ ଲୁଗାପରି, କାଳକ୍ରମେ ହୁଏ ପୁରାତନ
ପରିତ୍ୟକ୍ତ ହୁଏ କେଉଁ ଶ୍ମଶାନର କଦମ୍ବଡ଼ାଳରେ।
ମୋର ମାଂସ ପୁରାତନ, ମୋ ନିଦାଘ ଅତ୍ୟନ୍ତ ଦାରୁଣ,
କିନ୍ତୁ ମୋର କ୍ଷୋଭ ନାହିଁ ଅଙ୍ଗବାସ ପୁଣି ନ ମିଳିଲେ।

ଏହା ତେବେ ଶେଷ-ମୋର ନିଦାଘର, ବତ୍ସର, ଦେହର
ଯାହା ବସ୍ତ୍ର ପିନ୍ଧୁଥିଲା, ଯାହା ଦିନେ ଅନନ୍ତ ଉତ୍ତପ୍ତ
ମରୁଭୂମି ଅତିକ୍ରମ କରୁଥିଲା ଉଡ଼ନ୍ତା ମେଘର

ଛାଇପରି, ଯେଉଁପରି ଅତିକ୍ରମ କରି ବହୁ ଅନ୍ଧାର ଦୂରତ୍ୱ
ଦିନବେଳେ ଜଙ୍ଗଲରେ ରାତିବେଳେ ଉନ୍ମତ୍ତ ସହରେ
ଯୋଗୀ ଜଣେ ପହଞ୍ଚିଲା ତାହା ପାଇଁ ପୂର୍ବରୁ ନିଯୁକ୍ତ
କିନ୍ତୁ ତା' ଅପରିଚିତ ଜାଗାରେ ଓ ଠିଆ ହେଲା ଦୁର୍ବଳ ହାତରେ ୪୭
ଭିକ ମାଗିବାର ଥାଳ ଧରି, ତା'ର ସ୍ୱପ୍ନରେ ନିର୍ଦ୍ଦିଷ୍ଟ
ଲୋକଯିବା ସଡ଼କରେ, ଏ ସମୟେ ମେଘବର୍ଷା ଘଡ଼ଘଡ଼ି ହେଲା
ଅସଂଖ୍ୟ ଝଡ଼ିଲା ଫୁଲ ଉଡ଼ିଆସି ପଡ଼ିଲେ ରାସ୍ତାରେ, ୫୦
ସେ ଲୋକ ଗୋଟିଏ କ୍ଷିପ୍ର ଛାଇପରି ମଟରରେ ଗଲା
ବେକ ଭାଙ୍ଗି ଦେଖିଲାନି ଯୋଗୀ ଆଡ଼େ କିମ୍ବା ଗୋଟେ ପଇସା ନ ଦେଲା । ୫୨

ଅପରାହ୍ଣ

ମଧ୍ୟାହ୍ନ ଭୋଜନ ଏବେ ସରିଲାଣି । ଡେରି ଅଛି ରାତିର ଖାଇବା ।
ଏତେ ଶୀଘ୍ର ବୁଲି ଯାଇ ହେବ ନାହିଁ କାହାର ଘରକୁ
କିମ୍ବା ଚାହା ଖାଇ । ଅଥଚ ହେଲାଣି ଡେରି ଆଜି ପାଇଁ ବସି
ପ୍ରୋଗ୍ରାମ୍ କରିବା, କାମଦିନ ବରଂ ଭଲ । ଖାଲି
ଅଫିସକୁ ପଶିଯିବା ମୁହୂର୍ତ୍ତଟା ଜଣାପଡ଼େ, ଜଣାପଡ଼େ ଫେରିବା ମୁହୂର୍ତ୍ତ ।
ଏ ଦୁଇ ମୁହୂର୍ତ୍ତ ମଧ୍ୟେ କ'ଣ ଥାଏ ? ଘଣ୍ଟା କଣ୍ଟା ଯାଏ ଡେଇଁ ଡେଇଁ ।
ବିଜୁଳି ଆଲୁଅ ଦିଶେ ବେଶି ବେଶି ଉଜ୍ଜ୍ୱଳ, ସତେ କି ଏ ଦୁଇ
ମୁହୂର୍ତ୍ତ ମଝିରେ ଆଉ କିଛି ନାହିଁ, ମୋର ସ୍ମୃତି କିମ୍ବା ଭବିଷ୍ୟତ

ଏବଂ ସେତେବେଳେ ଏକ ପକ୍ଷୀ ଗଛ ଉପରେ ଡାକିଲା ।
ମୁଁ ଚାହିଁଲି ଉପରକୁ ଓ ଦେଖିଲି ଆମ୍ବ ଗଛ ଭାଙ୍ଗିଯାଏ ଆମ୍ବ ବଉଳରେ । ୧୦
ବନ୍ଦକର, ମୂର୍ଖ ! ବହୁ ପୂର୍ବକାଳୁଁ ଯାଇ ସାରିଅଛି ଏହି ଅବସ୍ଥା ଭିତରେ ।

ଏ ଧଳା ସମୟ ଆଜି ଲମ୍ବିଅଛି ଧାଡ଼ି ଧାଡ଼ି ତାଳଗଛ ଡେଇଁ
ସମୁଦ୍ର ଯେପରି । ଏବଂ ବର୍ଷ ବର୍ଷ ବନ୍ଦଥିବା ଘରପରି ବାସ୍ନା ଅଟେ ତା'ର ।
ଏ ଧଳା ବାଲିକୁ ଆଜି ଛୁଇଁ ହେବ, ଅଥବା ଉପରେ
ଚାଲିଯାଇ ହେବ (ପାଦ ହେଉ କିମ୍ବା ହେଉ ମଟର, ଶଗଡ଼) ।
ଚାହୁଁ ଚାହୁଁ ଅକସ୍ମାତ୍ ମନେ ହୁଏ ସତେ ଅବା ବହୁ ବର୍ଷ ତଳେ
ଏଇ ଅପନ୍ତରା ମଧ୍ୟେ ଦିନେ କ'ଣ ଚାଲିଥିଲି ତାଳଗଛ ଧାଡ଼ିଙ୍କ ଭିତରେ ?
ଅକସ୍ମାତ ମନେହୁଏ ଆଜି କ'ଣ ଫେରୁଅଛି ସେ ଜାଗାକୁ ବହୁବର୍ଷ ପରେ ?
ସବୁ ଯିବା ତାହାହେଲେ ଫେରିବା ଓ କାକରରେ ଓଦା ହାସ୍ପାତାଳେ ୧୯
ବରଫରେ ପରିଣତ ନଈରେ ମୁଁ ସନ୍ତରଣ କଲି ।

ପକ୍ଷୀ ଚୁପ୍ ହୋଇଗଲା ଯେଣୁ ତା'ର ସ୍ୱପ୍ନ ହେଲା ପଥରର ମଡ଼ା
ଆମ୍ବଗଛରୁଁ ଝଡ଼ିଗଲେ ପେଚ୍ଚା ପେଚ୍ଚା ବଉଳ ଓ ଅପରାହ୍ନ ମୁହେଁ
ହଠାତ୍ ଦିଶିଲା ଲମ୍ବା ଧଳା ଦାଢ଼ି। ନିଃଶ୍ୱାସରେ ତା'ର
ପିଚ୍‌କାରୀ ପାଣିପରି ପାଉଁଶରେ ପୂର୍ଣ୍ଣ ହେଲା ଅନ୍ଧାରୁଆ ଦେଉଳର ବେଢ଼ା।

ଏବଂ କି ଆଶ୍ଚର୍ଯ୍ୟ ଦୃଶ୍ୟ ! ଦେଉଳର ଚୌଡ଼ା ଚଟାଣରେ
ଚାରିଆଡ଼େ ପଡ଼ିଅଛି ଖଣ୍ଡ ଖଣ୍ଡ ଭଙ୍ଗା କାଚ ସତେ କି ଚନ୍ଦ୍ରରୁ
ଲକ୍ଷ ଲକ୍ଷ ନାଲି ନେଳୀ ଶିଶି କ'ଣ ସେଠାରେ ପଡ଼ିଲେ !
ଦିଅଁ ନିଜେ ସିଂହାସନୁଁ ଓହ୍ଲାଇଲେ, ସାବଧାନ ହୋଇ
ମୋ ପାଖକୁ ଆସି ମତେ ମାଗିଲେ ମୋ ଜୋତା କାଳେ କାଚ ସେ ମାଡ଼ିବେ
ଏବଂ ଗଲେ ବାଥ୍‌ରୁମ୍ ଆଡ଼େ, ଯାଉଁ ଯାଉଁ ହଠାତ୍ ଭେଟିଲେ
୩୦
ଅସଂଖ୍ୟ ଚିଙ୍ଗୁଡ଼ିଙ୍କର ଶୋଭାଯାତ୍ରା (ସେମାନେ ବି ଜୋତା ପିନ୍ଧିଥିଲେ)।

ମୁଁ କ'ଣ ଫେରିବି ଖାଲି ପାଦେ କିମ୍ବା ଜୋତା ପାଇଁ ଅପେକ୍ଷା କରିବି ?
ମୁଁ ଯଦି ଫେରିବି ଖାଲି ପାଦେ ତମେ ଅବଶ୍ୟ କହିବ
(ଲୁହରେ ଆଖିକୁ ସବୁ ଜାଲୁ ଜାଲୁ ଦିଶୁଥିବ, ସ୍ୱର ବାଷ୍ପରୁଦ୍ଧ ହୋଇଥିବ)
ଏପରି ଭାବରେ କିଏ କେବେହେଲେ ପ୍ରତାରଣା କରେ ?
ମୁଁ କିପରି କହିବି ମୁଁ କେଉଁଠାରେ ଜୋତା ହଜାଇଲି ? ଯେହେତୁ ତମର
ଆଜିପରି ଅପରାହ୍ନେ ମୃତ୍ୟୁ କଥା ନ ଭାବିବା ଭଲ। ଚାହା ଭର୍ତ୍ତି ହେବ
ଥର୍ମୋସ୍‌ରେ ଏବଂ ତମେ ମଟରରେ ମୋ ପାଖରେ ନିଶ୍ଚୟ ବସିବ।
ଚାଲ ଏବେ ବୁଲିଯିବା। ଆଜି ସନ୍ଧ୍ୟା ହେବ ନାହିଁ। ଆଜି ଦିନଯାକ ଦ୍ୱିପ୍ରହର। ୩୯

ହନୁମାନ

ମୁଁ ଭାବିଲି, ଯେତେବେଳେ ମୁଁ ମୋହର ଏକୁଟିଆ
ବିଛଣା ଉପରେ
ଶୋଇ ରହି ଭାଙ୍ଗୁଥିଲି କାଚପରି ଖଣ୍ଡ ଖଣ୍ଡ ହୋଇ,
ଯଦି ଏହା ସତ୍ୟ ତେବେ ସମୁଦ୍ରର ଉପରେ ଉଡ଼ିବା
ମସ୍ତବଡ଼ ଅଭିଜ୍ଞତା ହୋଇଥିବ, ଆଶାଶୂନ୍ୟ ଆସନ୍ତା କାଲିରେ
ଦୁଃଖାନ୍ତ ବିଗତକାଲି ମିଶି ଏକ ନୀଳବର୍ଣ୍ଣ ପାଣିର ଚାଦର
ଯାହା ହୁଏ ଅତିକ୍ରାନ୍ତ ଏ ସମୁଦ୍ର ଯେଉଁପରି ଅତିକ୍ରାନ୍ତ ହୁଏ,
ଯାହାର ଲହଡ଼ିମାନେ କାନ୍ଦନ୍ତି ଡରାନ୍ତି ମାତ୍ର ଯାଆନ୍ତି ମିଳାଇ
ଶୂନ୍‌ଶାନ୍ ଅନ୍ତରୀକ୍ଷ ବାରଣ୍ଡାରେ ଯେଉଁଠାରେ କେବଳ ଅନ୍ଧାର।
କିନ୍ତୁ ଯଦି ଏହା ଖାଲି ଗଳ୍ପ ତେବେ ମୁଁ ବି ନିଜେ ଯଥେଷ୍ଟ ଉଡ଼ିଛି
ଓ ନିଜର ଦୂରତ୍ୱକୁ ଦେଖିଅଛି ଯେଉଁପରି ଟେଲିଗ୍ରାଫ୍ ତାର
ଚଳନ୍ତା ରେଳର ଝର୍କା ମଧ୍ୟୁଁ ଦିଶେ, ଅର୍ଥାତ୍ ବଢ଼ି ବଢ଼ି ଯାଏ।
ଏ ଗଳ୍ପ ସତ କି ମିଛ ତାହା କିନ୍ତୁ ଅବାନ୍ତର, ପ୍ରଶ୍ନ ଅଟେ ଏହା
ଆପଣାର ନିଛାଟିଆ ଅନ୍ଧାରରେ କେବେ କ'ଣ ମରିପାରେ କିଏ ?

ନିଷ୍ପ୍ରଭ ବିଜୁଳିବତିଦ୍ୱାରା ଏକ ଆଲୋକିତ କୋଠରୀ ଭିତରେ
ଲୁଗାପଟା ଖୋଲିଦେଇ ଠିଆହେଲି ଡାକ୍ତରଙ୍କ ଅପେକ୍ଷାରେ ଦିନେ
ସମୟକୁ କିଳି ଦେଇ ଦର୍ଜା (ଯେଣୁ ବିଜୁଳି ଆଲୁଅ
ସୂର୍ଯ୍ୟପରି ଜଣାଏ ନି ସମୟ) ଓ ଜଣାଗଲା ବହୁତ ଉପରେ
ମୁଁ ଉଡୁଛି ନେଇ ମୋର ଉଲଗ୍ନ ଓ ପୃଥୁଳ ଶରୀର,
ବହୁତଳେ ଦିଶୁଅଛି ସହରର ସମୁଦ୍ରରେ ବଡ଼ ବଡ଼ କୋଠାଙ୍କ ଲହଡ଼ି,
ରାସ୍ତାମାନେ ଅଦୃଶ୍ୟ ଓଃ ଭଗବାନ୍! କାହିଁକି ସେମାନେ

ମତେ ଆଉ ଉଡ଼ିବାକୁ ଦେଲେ ନାହିଁ! କାହିଁକି ଡାକ୍ତର
(ସେ ମତେ କ୍ୱଚିତ୍ ଦେଖା ଯାଉଥିଲେ) ସେ ଘରକୁ ପଶି
ହଠାତ୍ କହିଲେ ମତେ ପାଗଳ ଓ ଡାକ ଘରଲୋକଙ୍କୁ ଏହାର,

ଏବଂ ଏକ ଦେବୀ କିମ୍ବା ଅନ୍ୟଲୋକ ପତ୍ନୀ ପରି ଦୂର
ଓ ପବିତ୍ର ଦିଶୁଥିଲେ ମୋର ପତ୍ନୀ। ସେ କିନ୍ତୁ ଛନ୍ଦିଲେ ମୋର
ହାତ ସାଙ୍ଗେ ତାଙ୍କ ହାତ, ତାହାପରେ ଚାଲିଲେ ଘରକୁ,
ତା'ପରେ ହୁଏତ ମୋର ବିଛଣାକୁ, ଆଶାଶୂନ୍ୟ ଆସନ୍ତାକାଲିକୁ।

ଏଠାକୁ ମୁଁ ଫେରୁଅଛି କ'ଣ କେତେ ଶତାବ୍ଦୀ ଉତ୍ତାରୁ?
କିମ୍ବା ମୋ ସ୍ମରଣଶକ୍ତି ଲୁପ୍ତ ଏବଂ ଏହା ଏକ ଦୋସରା ସହର
ଯେଉଁଠାକୁ ମୁଁ ଆସିଛି ବାଟବଣା ହୋଇ ଖାଲି ଦେଖି
ବଡ଼ ବଡ଼ କୋଠାଘର ନିରପେକ୍ଷ ଆକାଶମାର୍ଗରୁ?

ଯାତ୍ରା ମୋର ବର୍ଷାପରି ଦ୍ରୁତ ଥିଲା। କେଉଁ କୋଠରୀର
ବତିଦ୍ୱାରା ଆଲୋକିତ ବାରଣ୍ଡାର ଅମଡ଼ା ଅଂଶଟେ
ପରି କ୍ଷୁଦ୍ର ଏ ସମୁଦ୍ର; କିନ୍ତୁ ତା'ର ଅନ୍ଧାର ଅପେକ୍ଷା
ଏ ସହର ମାଳମାଳ ଆଲୋକରେ ଦିଶେ ଭୟଙ୍କର।

ପ୍ରତ୍ୟେକ କାନ୍ଥରେ ଲିପା କୁମାରୀଙ୍କ ରକ୍ତ ଓ ନିଆଁରେ
କାଗଜ ଚଳିଲା ପରି ମୋଡ଼ିହୋଇ ଜଳିଯାଏ ଶୁଷ୍କ ଏବଂ ତୃଷାର୍ତ୍ତ ପୃଥିବୀ
ନିଜର ନଗ୍ନତା ଦେଖି ଆଉ ଲୋକେ ହସୁନାହାନ୍ତି ଓ
ଶୂନ୍‌ଶାନ୍ ରାଜପଥ ସଫା ହୁଏ ଉଦ୍‌ଭ୍ରାନ୍ତ ଖଣ୍ଡିଆ ଭୂତରେ।

ମେଘମାନେ ବାସୁଛନ୍ତି ମୃତ୍ୟୁପରି, ଯୁଦ୍ଧର ଗର୍ଜ୍ଜନ
ନିସ୍ତବ୍ଧ ଅସଂଖ୍ୟ ଶୀର୍ଣ୍ଣ ବେଶ୍ୟାଙ୍କର କାଶ ଶବ୍ଦଦ୍ୱାରା।
କାହାକୁ ମାରିବା ପ୍ରଭୁ କାହାକୁ ବା ଉଦ୍ଧାର କରିବା?
ଉତ୍ତର ବରଫ ହୁଏ, ସେତୁବନ୍ଧ ହୁଏ ଅନ୍ତର୍ଦ୍ଧାନ।

ସେ ସହର ଆଉ ନାହିଁ, ଅନ୍ତର୍ଦ୍ଧାନ ସବୁକାଳ ପାଇଁ
ହୋଇଗଲା ଯେଉଁପରି ନିଶାର୍ଦ୍ଧର ନଈର କୁହୁଡ଼ି
ସକାଳର ଆଲୋକରେ ଅକସ୍ମାତ୍ ଅନ୍ତର୍ଦ୍ଧାନ ହୁଏ ।
ବର୍ତ୍ତମାନ ଆମେମାନେ ନାମ ଦେବୁଁ ଅସଂଖ୍ୟ ଶବଙ୍କୁ,
ଖାତାରେ ଲେଖିବୁଁ ସବୁ ନାମ ଏବଂ ଖୁବ୍ ଭିଡ଼ ତୃତୀୟ ଶ୍ରେଣୀରେ
ଚାଲିଯିବୁଁ, ଘର ନୁହେଁ, ଅନ୍ୟ ଏକ ଅଜଣା ଜାଗାକୁ
ଓ କାହାକୁ କହିବୁନି କିଛି ହେଲେ, ତାଙ୍କ ବିଶ୍ୱାସକୁ
ଆମେ କିଆଁ ଭାଙ୍ଗିଦେବୁ ଅଶ୍ଳୀଳ ଓ ଅଶ୍ରାବ୍ୟ ଭାଷାରେ ?

ଲାଲ୍‌ମାଛ ଓ ସୂର୍ଯ୍ୟାସ୍ତରେ ଶବସଂସ୍କାର

ଲାଲ୍‌ମାଛ

ଅନ୍ଧାରରେ ଝାପ୍‌ସା ପର୍ବତ ଓ ବର୍ଷା ପାଇଁ ପ୍ରସ୍ତୁତ ଆକାଶ
ମୋହର ସମୁଦ୍ର ଏବଂ ଛୋଟ ଲାଲ୍‌ମାଛ ମୁଁ ପହଁରେ
ଆଖିବୁଜି ବସ୍‌ଷ୍ଟାଣ୍ଡଠାରୁ କଟା ଅଶୋକ ଗଛର
ଉଦାସ ଜଙ୍ଘର ଯାଏଁ ଲମ୍ବିଥିବା ଉଷୁମ ପାଣିରେ।

ହେ କେଉଟ ବର୍ତ୍ତମାନ ମତେ କଣ' ଜାଲରେ ଧରିବ
ଓ ରକ୍ଷା କରିବ ମତେ ବଡ଼ ବଡ଼ ଭୋକିଲା ମାଛଙ୍କ
ପଶ୍ଚାଦ୍ଧାବନରୁ ଏବଂ ହେ କେଉଟ ସୂର୍ଯ୍ୟାସ୍ତ ପୂର୍ବରୁ
ମତେ କ'ଣ ଟେକିନେବ ଡିଆଁଇ ଏ ସୀମା ପର୍ବତଙ୍କ ?

ସେ କଟା ଅଶୋକ ଗଛ ତଳେ ଏକ ମନ୍ଥୁରା ବାଲିରେ
ଅସଂଖ୍ୟ ଅଦୃଶ୍ୟ କାଲି ମୋ ପ୍ରିୟାର ଜୁଡ଼ାକୁ ଅଡୁଆ
କରୁଛନ୍ତି ଓ ସୂର୍ଯ୍ୟାସ୍ତ ସାଙ୍ଗେ ବହୁ ନିଆଁର ଶିଖାରେ
ସେ ମିଶି ଯାଉଛି। ଏବେ ଫିଙ୍ଗ ତମ ଜାଲ ହେ କେଉଟ

ମୋ ଶବ ଅନ୍ତତଃ ଦେଖୁ ଶେଷଥର ତାହାର ମୁହଁକୁ
ଓ ତମକୁ (ବାଲିରେ ନିଶ୍ଚଳ ମୋର ରକ୍ତାକ୍ତ ସ୍ୱପ୍ନକୁ)।

ସୂର୍ଯ୍ୟାସ୍ତରେ ଶବସଂସ୍କାର

ସେ ଆଦୌ କିଛି ନୁହେଁ, ତାହା ଖାଲି ସମୟର ପ୍ୟାଣ୍ଟ୍
ବଦଳାଇବାର ଢଙ୍ଗ । ଯଦି ଆଜି ପରିଷ୍କାର ଭାବେ
ମୁଁ ଦେଖି ପାରୁନି ସବୁ କୋଠାଘର ଏବଂ ସୂର୍ଯ୍ୟ ଅସ୍ତ ହେଲାବେଳେ
ଆକାଶର ଆସ୍ତେ ଆସ୍ତେ ରଙ୍ଗ ହେବା ତା' ହେଲେ ତାହାର
କାରଣ ବାର୍ଦ୍ଧକ୍ୟ ମୋର; ଆଜିକାଲି ଆଗପରି ମତେ
ସେତେ ଭଲ ଦିଶୁନାହିଁ (କାଳ କରେ ଅପେକ୍ଷା କାହାରି ?) ।

ସେ ଆଦୌ କିଛି ନୁହେଁ, ତାହା ଖାଲି ଗଛର ଶୁଖିଲା
ପତ୍ରଙ୍କୁ ଝାଡ଼ିବା ଢଙ୍ଗ । ମୋ ହୃଦୟ ପଚାରୁଛି କିଏ
କେତେବେଳେ ବା ମରିଲା ? ସେ ତ ଅଛି ହାତ ପାଆନ୍ତାରେ
ସେ ଅନୁପସ୍ଥିତ ବଂଶୀଧାରୀ ପରି । ରାତି ଯେତେବେଳେ
ହୋଇଯିବ ଯେତେବେଳେ ବର୍ଷା ହେବ ଅଜସ୍ର ଧାରାରେ
ଘଡ଼ଘଡ଼ି ଶୁଭୁଥିବ ପାଗଳର ହସପରି ପାଖ କୋଠରୀରେ,
ଯେତେବେଳେ ସେ ଅନ୍ଧାର ଦ୍ୱୀପ ଦେଇ ତମେ ଯିବ ଦଦରା ଡଙ୍ଗାରେ...

ତମେ କି ପାରିବ ଶୁଣି ଶବ୍ଦ ତା'ର (ଦେଉଳର ଉଚ୍ଚ ଅନ୍ଧାରୁଆ
ଛାତର ଚେମେଣି) ? ଆମେମାନେ ବସି ପରସ୍ପରେ
ଯେତେବେଳେ ଖାଉଥିବା ସେ କ୍ଷୁଧାର୍ତ୍ତ ବାରବୁଲା କ'ଣ
ଏଠାକୁ ଫେରିବ ପୁଣି ଆମେ ଦେଖି ପାରିବା ଭିତରେ ?

ଏ ସୂର୍ଯ୍ୟାସ୍ତ ଭୟଙ୍କର, ଅଙ୍ଗାଳିଆ ଆଲୁଅରେ ତା'ର
ହାତ ଏବଂ ମୁହଁ ଏକ ଅଦୃଶ୍ୟ ଓ ବିଚିତ୍ର ପର୍ବତ,
ବର୍ତ୍ତମାନ ଚିକ୍ ଚିକ୍ କରୁଅଛି ଆମେ ଯାହା ଭୁଲନ୍ତୁ ତାହାର
ଉଜ୍ଜ୍ୱଳ ଆଲୋକେ ଏବଂ ବର୍ତ୍ତମାନ ହାୱା ପରି ଯାଏ
ହଠାତ୍ ନିଖୋଜ ହୋଇ । ହୃଦୟର ଦୈର୍ଘ୍ୟ ଏବଂ ପ୍ରସ୍ଥ
ପୂର୍ଣ୍ଣ କରିବାକୁ ଏକ ଅତିକାୟ ଭଲ ପାଇବାରେ

ଯଦିଓ ଶିଖିଛୁଁ ଆମେ ତଥାପି ଏ ଅଭାଗା ଗଛର
ପତ୍ରସବୁ ଟପ୍‌ଟାପ୍ ଝଡ଼ିଯାନ୍ତି ଏବଂ ତା'ର ଉଲଗ୍ନ ଡାହିରେ
ଦକ୍ଷିଣ ଦିଗରୁ ଶୁଭେ କିଳିକିଳା ହସ ଶାଗୁଣାର।

ବିଦାୟ ତା'ହେଲେ। ଆଉ ଦେଖିବାର ଧୈର୍ଯ୍ୟ ମୋର ନାହିଁ।
ଚେମେଣି ଯାଉଛି ଉଡ଼ି ଦେଉଳର ଅଦୃଶ୍ୟ ଛାତକୁ।
ଯେତେବେଳେ ସେ ଅନ୍ଧାର ଦ୍ୱୀପ ଦେଇ
ତମେ ଯିବ ଦଦରା ଡଙ୍ଗାରେ
ଅଟକିବ ନାହିଁ ଜମା, ଓ ଭାବିବ ମୋହର କଥାକୁ।
କାନ୍ଦିବନି, ଖାଲି ମନେପକାଇବ ମୋହର ମୁହଁକୁ।
ପ୍ରାର୍ଥନା କରିବ ନାହିଁ, ଓ ଭାବିବ ମୋହର କଥାକୁ
ଯେହେତୁ ମୁଁ ସୂର୍ଯ୍ୟାସ୍ତର ବହୁ ଆଗୁ ମରି ସାରିଥିଲି।
ଏବଂ ଏ ଘାଟକୁ ଖାଲି ଆସିଥିଲି ଶେଷଥର ଲାଗି
ତମ ସାଙ୍ଗେ ବସି ଏହି ସୂର୍ଯ୍ୟାସ୍ତର ଶୋଭା ଦେଖିବାକୁ।

ଜନ୍ମଦିନ

ମୁଁ ଯେବେ ପ୍ରବେଶ କଲି ଲଣ୍ଡନର ବିଷଣ୍ଣ ଆଲୁଅ
ଆହୁରି ବିଷଣ୍ଣ ହେଲା, ଦୁଇ ଜଙ୍ଘ ରକ୍ତାଶ୍ରୁ ଢାଳିଲେ,
ଏବଂ ଯେବେ ନିଆଁଙ୍କର ଶିଖାଦ୍ୱାରା ବୁଦା ଜଳୁଥିଲା
କୁକ୍କୁର ଭୁକିଲା ମୋର ସ୍ୱାଗତର ଉଦ୍ଦେଶ୍ୟେ। ଈଶ୍ୱର
ପିତାଙ୍କୁ ଦୀର୍ଘାୟୁ କର, ଦୁଇ ବକ୍ତ ଖାଦ୍ୟ ମିଳିଗଲା।

ସମୟ ନ ଥିଲା ମୋର ଲୁହ ଭର୍ତ୍ତି ଆଖି ପୋଛିବାକୁ।
ପ୍ରଭୁଙ୍କ ପ୍ରଶଂସା ଗାଇ ମୁଁ ଚାଲିଲି ସମୁଦ୍ର ପଥରେ
ସେତେବେଳେ ତା' ଶିଥିଳ ଚର୍ମ ଏବଂ କମ୍ପିତ ପାପୁଲି
ଜଣାଣରେ ବନ୍ଦ ହେଲେ। ତା' କାନ୍ଦୁଣୁମାନ୍ଦୁଣୁ ପ୍ରାର୍ଥନା
ମୋ ପଛେ ଦଉଡୁଥିଲା ଯେହେତୁ ମୁଁ ପାର୍ଶ୍ୱବର୍ତ୍ତୀ ଥିଲି

(ନୂତନ ବସ୍ତ୍ରରେ ହୋଇ ସୁସଜ୍ଜିତ) ଈଶ୍ୱରଙ୍କ ତଥା
କୁକ୍କୁରର। ମୋ ଭାଗ୍ୟର ଫାଙ୍କା ହସ୍ ଦପ୍ ଦପ୍ କଲା
ମହମବତିର ଶିଖା ପରି ଏବଂ କେତେଥର ମୋର
ଶୋଇବା ଘରର ବହୁ ମୃତ୍ୟୁଙ୍କର ଅନ୍ଧାରରେ ମୁହିଁ
ପଶ୍ଚାଦ୍‌ଗାମୀ ଜାହାଜରେ ଦେଖିଅଛି ଅଗ୍ନିର ବନ୍ଦର!

'ମୁଁ ଏବେ ଯଥେଷ୍ଟ କ୍ଲାନ୍ତ', କହି ତମେ ହାଇ ମାରିଲ ଓ
ଶୋଇଗଲ। ଟପ୍ ଟପ୍ ବର୍ଷା ତମ ବାଳର ପତ୍ରଙ୍କ
ଭିତରୁ ନିଗିଡ଼ି ଓଦା କଲା ଉଇହୁଙ୍କା ସ୍ତନଙ୍କର।

ହାତରେ ଜାବୁଡ଼ି ଧରି ମୁଁ ନରମ ମହମକୁ ଧ୍ୟାନ
ନାଭି ମଣ୍ଡଳରେ ରଖି ଦେଖିଲି ଯେ ତମର ଶରୀର
କ୍ରମଶଃ ଆରକ୍ତ ହୁଏ ଏକ ନୂଆ ମୃତ୍ୟୁର ପ୍ରଭାତେ।
ହେ ମାତା ତମର ପଛେ ଯାବତୀୟ ପ୍ରାର୍ଥନା ସହିତ
ମୁଁ ଧାଇଁବି ମଧ୍ୟରାତ୍ରି ଯାଏଁ ଏବଂ ବିଶ୍ୱସ୍ତ ସ୍ନେହର
କମ୍ବଳରେ ଢାଙ୍କି ଦେବି ପ୍ରତାରିତ ତମର ଜଙ୍ଘକୁ।
ମତେ ଦେଖ ମୁଁ ଶୋଇଛି ବାଉଁଶର ବିଧ୍ୱସ୍ତ ଜାହାଜେ
ନୂତନ ବସ୍ତ୍ରରେ ହୋଇ ସୁସଜ୍ଜିତ, ଆଜି ପାଳିବାକୁ
ସ୍ମୃତିର ଅନ୍ଧାର ରାତ୍ରି ଡେଇଁ ଆସିଥିବା ପୃଥିବୀର
ପୁନର୍ଜନ୍ମ। ଧନ୍ୟବାଦ ଦିନରାତି ଯେ କରେ ତାହାକୁ।

ଖସିପଡ଼ ମୋ କୋଳକୁ

ଖସିପଡ଼ ମୋ କୋଳକୁ ଯେହେତୁ ମୁଁ ସ୍ୱପ୍ନ ଦେଖିଚି ଯେ
ତମ ମୁହଁପରି ଯାହା ମୁହଁ ସେହିପରି ଜଣକ ପ୍ରେମରେ
ମୁଁ ପଡ଼ିବି ଏବଂ ତମେ ଯୂଇଫୁଲ ଖଞ୍ଜୁଥିଲା ବେଳେ
ତମର ଜୁଡ଼ାରେ ମୁଁ ଦେଖିବି ସେହି ସ୍ୱପ୍ନ ଯାହା ସେ ସ୍ୱପ୍ନରେ
ଦେଖିଥିଲି। ଚାଲିଆସ ଦୀପପରି ଅନ୍ଧାର ପବନେ
ଖସି ପଡ଼ ବର୍ଷାପରି ମୋ ହାତଙ୍କ ବୈଶାଖ ମାସରେ।

ଉଠି ଆସ ହାଡ଼ ଏବଂ ପାଉଁଶଙ୍କ ଉଦ୍‌ଭ୍ରାନ୍ତ ଜାହାଜୁଁ।
ଶେଯରେ ପଡ଼ିଚି ଦେଖ ପରିଷ୍କାର ବିଛଣା ଚାଦର।
ହୁଏତ ମୁଁ ଧନୀ ନୁହେଁ, କିନ୍ତୁ ମୋର ଅର୍ଜ୍ଜନ ଯଥେଷ୍ଟ
ଭଉଣୀର ଦାସୀ ପାଇଁ, ତମେ ଯଦି ମାଗିବ ସ୍ୱର୍ଗର
ଚନ୍ଦ୍ର, ତେବେ ଆଣିଦେବି। ଖାଲି ତମେ ଥରଟେ ଗାଇବ
ଯେଉଁ ଗୀତ କାନ୍ଦି କାନ୍ଦି ଗାଉଥିଲ ସ୍ୱପ୍ନରେ ମୋହର।

ଆଶାୟୀ କୁଆଙ୍କ ପଲ ଉଡୁଛନ୍ତି, ତମେ କିନ୍ତୁ ଆସ
ବିବ୍ରତ ନ ହୋଇ। ବହୁଦିନୁ ପଡ଼ିଛନ୍ତି ମୋର କୋଠରୀରେ
ବହୁତ ମୂଷାଙ୍କ ଶବ, ଦୁହେଁ ମିଶି ବଗିଚା ଆଡ଼କୁ
ଫିଙ୍ଗି ଦେବା। ହାତ ଧରାଧରି ହୋଇ ଆମେ ବଗିଚା ଭିତରେ
ତାହାପରେ ବୁଲିଯିବା। ସେ ଝୁଣ୍ଟନ୍ତୁ ଶୂନ୍ୟ ବିଛଣାକୁ
କୋଠରୀର ଅନ୍ଧାରରେ। ତମେ ମୋର ଉଷୁମ ଛାତିରେ
ଭରାଦେଇ ଶୁଣୁଥିବ ପକ୍ଷୀଙ୍କର ଗୀତ ଓ ସୁଞ୍ଚାକୁ
ଅସ୍ତବ୍ୟସ୍ତ କରୁଥିବ ପବନ ମୁଁ ଦେଖିଅଛି ସ୍ୱପ୍ନରେ; ଆହୁରି
ଦେଖିଚି ଯେ ହସି ହସି ଧାଉଁଥିବ ତମେ ଓ ତମର
ପଛେ ପଛେ ମୁଁ ଧାଇଁବି। ଆମେ ଦୁହେଁ ଦୁଲ୍ ଦାଲ୍ କରି
ଅନ୍ଧାର କୂଅର ଭଙ୍ଗା ଚୌତରାରେ ପଡ଼ିବା, ସେଠାରେ
ତମେ ହେବ ପାଗଳୀ ଓ ମୁଁ ତମର ପାଗଳ ପ୍ରହରୀ।

ତାଙ୍କ ସାଙ୍ଗେ ତମେ ଫେରିଯିବା ଆଗୁଁ ରଖିବ ମନରେ
ପ୍ରାୟ ଦେଢ଼ମାସ ଯାଏଁ ମୁଁ ରହିବି ଏହି ସହରରେ।

ବିମାନ ଦୁର୍ଘଟଣାରେ ମୃତ୍ୟୁ

୧

ବିଦାୟ ଦେବାକୁ ତାକୁ କେହି ଆସି ନ ଥିଲେ। ଅସଂଖ୍ୟ
ଶାଢ଼ି ଏବଂ ଟ୍ରାଉଜର ଇଜିମାଲି ଅନ୍ୟମାନଙ୍କର
ଯାହାଙ୍କ ଫେରିବା ଅଟେ ଆବଶ୍ୟକ, ଯାତ୍ରା ଯାହାଙ୍କର
ଶୁଭ ହେବା ଦରକାର। ସନ୍ଧ୍ୟାବେଳେ ଶୂନ୍ୟ ଆକାଶରେ
ଲାଲ୍ କିମ୍ବା ବାଇଗେଣି ଖଣ୍ଡେ ଖଣ୍ଡେ ମେଘ ଭାସୁଛନ୍ତି
ତା' କାନ ଉପରେ ଧଳା ବାଳ ପରି। ଏ ଯାଏଁ ଅବଶ୍ୟ
ଦାନ୍ତ ପଡ଼ି ନାହିଁ, କିନ୍ତୁ କେତେକାଳ ଆଉ କେତେକାଳ ?
ସେ ବସିବ ଅନ୍ଧାରରେ ଦିନେ ତା'ର ଏକୁଟିଆ ମାଟି ବାରଣ୍ଡାରେ,
ବାଘଛାଲ ଯେଉଁପରି ସଜାଯାଏ ବାଘପରି ବୈଠକଖାନାରେ।

ସନ୍ଧ୍ୟାର ଆକାଶ ଦିଶେ କି ସୁନ୍ଦର। ତାହାଙ୍କ ଆଜ୍ଞାରେ
ଆକାଶ ଚିତ୍ରିତ ହୁଏ ନାନା ରଙ୍ଗେ (ଏହା କ'ଣ ତା ପାଇଁ ଉଦ୍ଦିଷ୍ଟ ?),
ସୂର୍ଯ୍ୟ ଉଏଁ ପ୍ରତିଦିନ ପୂର୍ବ ଦିଗେ ଅସ୍ତ ହୁଏ ପଶ୍ଚିମ ଦିଗରେ,
ଚନ୍ଦ୍ର ଏବଂ ତାରାମାନେ ନିଜ ନିଜ ଜାଗାରେ ରହନ୍ତି,
ଋତୁମାନେ ପରସ୍ପର ଅନୁଗାମୀ, ପକ୍ଷୀ ଉଡ଼େ ଆକାଶମାର୍ଗରେ,
ବାଘରହେ ଜଙ୍ଗଲରେ ଓ ପବନ ବହୁତ ଦୂରରୁ
ନାନାଦି ଫୁଲର ବାସ୍ନା ନେଇ ବୋହେ। କି ସୁନ୍ଦର ମୟୂରର ନାଚ,
କି ମଧୁର କୋଇଲିର ଗୀତ ଆମ୍ବପତ୍ରଙ୍କ ଭିତରେ।

ତା' ପାଇଁ କାହାର ହାତ ହଲୁନାହିଁ ବିଦାୟ ଦେବାକୁ।
ବିମାନ ଉଠୁଛି ଯେବେ ଆସ୍ତେ ଆସ୍ତେ ଭୂଇଁରୁ ତଳର
ମ୍ଳାନ ନୀଳବତି ସବୁ ଚାହିଁଛନ୍ତି, ଯେଉଁପରି ବହୁଦିନ ତଳେ
ଗାଆଁ ମୁଣ୍ଡ ପୋଖରୀର ନୀଳକଇଁମାନେ ଚାହିଁଥିଲେ।

ଅନ୍ଧାର ଆସୁଛି ଘୋଟି ସପ୍ତସିନ୍ଧୁ ପରି, ତା' ଭିତରେ
ସବୁ ହଜି ଯାଉଅଛି – କୁଟୁମ୍ବଙ୍କ ଆଜି ସନ୍ଧ୍ୟାବେଳେ
ହସ ହସ ବିଦାୟ ଓ ଢୋଲ ଶବ୍ଦ ଜଙ୍ଗଲ ଭିତରେ।

ଯଦି ଏ ଅନ୍ଧାର ହୁଏ ଅସରନ୍ତି? ଯଦି ଯାହା ପଛରେ ରହିଲା
ତାହା ଏକ ସ୍ୱପ୍ନ? ଯଦି ବାଘର ଚିକ୍‌କଣ
ହଳଦିଆ ଚମଡ଼ାରେ ପଟା ପଟା କଳାଦାଗ, ଯଦି
ମୟୂରର ପୁଚ୍ଛ ଯଦି ଚନ୍ଦ୍ର ଯଦି ଶାଢ଼ି ଏବଂ ଯଦି ଟ୍ରାଉଜର୍
କେବଳ ଅସଂଖ୍ୟ ପ୍ରେତ ଜାଲୁ ଜାଲୁ ସ୍ମୃତିର ସନ୍ଧ୍ୟାରେ?
ଅନ୍ଧାର ଘୋଟିଲା ତା'ର ଚାରିପାଖେ ଏବଂ ତା' ମନର
ପ୍ରତି କୋଣ ପୂର୍ଣ୍ଣ ହେଲା ଏକ ସ୍ତବ୍‌ଧ ନିସ୍ତବ୍‌ଧ ଶାନ୍ତିରେ।

ସବୁ ହଜିଯାଉଅଛି, ଏପରିକି କଫି ଯାଚୁଥିବା
ସୁନ୍ଦରୀ ବାଳିକା ସ୍ୱର ଶୁଭୁଅଛି ଦୂରରୁ, ତାହାର
ଦେହ ମିଶିଯାଏ ଏକ ଅଳ୍ପ ଅଳ୍ପ ମନେ ପଡୁଥିବା
ଚନ୍ଦ୍ର ସାଙ୍ଗେ। କିଏ ଜାଣେ ଆଉଥରେ କେତେଯୁଗ ପରେ
ଏ ଚନ୍ଦ୍ର ଉଇଁବ ପୁଣି? କିଏ ଜାଣେ? ଅବଶ୍ୟ ସେଥିରେ
ବେଶି କିଛି ନାହିଁ, ମନେ ଅବା ପଡ଼ିବ କାହାର
କାଲି ପରି ଚନ୍ଦ୍ରପକ୍ଷ ରାତି କଥା ଏତେଦିନ ପରେ?

୨

ତଥାପି ସେ ହତଭାଗ୍ୟ ଯାତ୍ରା ମଧ୍ୟେ ଆସିଥିବ ଗୋଟିଏ ମୁହୂର୍ତ୍ତ,
ସଂକ୍ଷିପ୍ତ ପଛକେ ହେଉ, ଆସିଥିବ ଅବଶ୍ୟ ତା'ଲାଗି
ବିମାନର ଆନ୍ଦୋଳନ ପରେ ଏବଂ କେଉଁ ଏକ କଠୋର ମାଳୀର
ସୁରକ୍ଷିତ ବଗିଚାରେ ହଜିଥିବା ପେଣ୍ଡୁ ପାଇଁ ଦଳେ
ପିଲାଙ୍କ ଚିତ୍କାର ପରି ଇତସ୍ତତଃ ଧାଉଁଥିବା କର୍ମଚାରୀଙ୍କର
ବିକ୍ଷିପ୍ତ ନିର୍ଦ୍ଦେଶ ପରେ ସେ ମୁହୂର୍ତ୍ତ ଆସିଥିବ ଏବଂ ସେତେବେଳେ
ଆକାଶ ଅନ୍ଧାର ଏବଂ ଫାଙ୍କା ଦିଶିଥିବ

ବିଗ୍ରହବିହୀନ ଏକ ଅତିକାୟ ଦେଉଳର ଅଭ୍ୟନ୍ତର ପରି।
ସୂର୍ଯ୍ୟ ଚନ୍ଦ୍ର ତାରାମାନେ ସତେ ଅବା ନିଃଶେଷ ସିଗ୍ରେଟ୍
କାହା ଦ୍ୱିଧାହୀନ ହାତ ଫିଙ୍ଗି ଦେଲା ଭବିଷ୍ୟତ ପବନ ନିମିତ୍ତ।
ଜଙ୍ଗଲରେ ବାଘ ଏବଂ ପକ୍ଷୀମାନେ ଆକାଶ ମାର୍ଗରେ
ଖୁବ୍ ହେଲେ ତା'ର ଏବଂ ତା' ପ୍ରଭୁଙ୍କ ଭିତରେ ଆବଦ୍ଧ
ଏକ ଗୁପ୍ତ ସାମୟିକ କଳ୍ପନାର କବର ହୁଏତ।
ପବନ ବୋହୁନି ଆଉ ଦିଗ୍‌ବିଦିଗ ମହକାଇ। କୋଇଲି, ମୟୂର
କେଉଁ ଏକ ବାରବୁଲା ଯାଦୁକର ପେଡ଼ିର ଜିନିଷ,
ଯାଦୁକର ପଛେ ପଛେ ଚାଲିଗଲେ, ଯେଉଁପରି ଛତିଶ ବର୍ଷର
କର୍ମମୟ ଜୀବନର ଅବସାନ ପରେ ନିଜେ ସେ ବି ଯାଇଥାନ୍ତା
ଖାଲି କରି ତା' ଅଫିସ୍, ପିନ୍ଧି ବୋଝେ କର୍ପୂରର ହାର।

ଖାଲି, ଖାଲି, ସବୁ ଖାଲି। କେଉଁ ଏକ କରାଳ ସ୍ତ୍ରୀ ମୂର୍ତ୍ତି
ତା' ଅଦୃଶ୍ୟ ଅସ୍ତିତ୍ୱରେ ତ୍ରସ୍ତ କରେ ବ୍ୟାପ୍ତ ଏବଂ ଅନ୍ଧକାରମୟ
ମରୁଭୂମି ଯାହା ଓଦା କାକରରେ, ପ୍ରତିଧ୍ୱନି ତା'ର ଚିତ୍କାରର
ଥଣ୍ଡା ହାୱା ପରି ଶୁଭେ, ଶୁଭେ ଖୁବ୍ ପାଖରେ କେଉଁଠି
ସମୁଦ୍ରର ଢେଉ ଭାଙ୍ଗେ, ଏବଂ ଦିଶେ ବିଗତ କାଲିର
ରକ୍ତାକ୍ତ ଆକାଶେ ବହୁ ମୃତ ପକ୍ଷୀ ଚକ୍‌କର ମାରନ୍ତି,
ମଝିରେ ମଝିରେ ଝାମ୍ପ ଦେଉଛନ୍ତି, ପୁତ୍ରଙ୍କର ଶବଭେଳା କରି
ପ୍ରାଣପଣେ ପଳାତକ ମାଛମାନେ କାହାକୁ ଖୋଜନ୍ତି ?

କଞ୍ଚନ ଗଛର ତଳେ ପ୍ରବାହିତ ରକ୍ତନଦୀ, ଦେଖ
ନିଃଶବ୍ଦେ ଜୀବନସ୍ରୋତ ଧାଉଁଛି କିପରି।
ଦେବା କି ନ ଦେବା ଫୁଲ, ରଜାଙ୍କର ମାଳୀ ଆସିଅଛି,
ରଜା ନିଜେ ମାଗୁଛନ୍ତି, ପାଦଶବ୍ଦ ଶୁଭିଲାଣି, ଦୂର
କାନ୍ଦଣା ସାଙ୍ଗରେ ମିଶେ ହ୍ରେଷାରବ। କାଲି ଯାଆ ଯୋଗୀ ହୋଇକରି
କୁମରମଣିରେ ମୋର ବାଣିଜ୍ୟ ବା ରାଜକର୍ମ କର।
କେଉଁଠାକୁ ଯିବି ମୁହିଁ ଜନନୀଲୋ ତୁ ତ ହେଲୁ ପାଣି ମୁହିଁ ମାଛ ?

ଆକାଶକୁ ଯାଅ ପୁଅ। ଆକାଶମାର୍ଗରୁ
ଗାଆଁ ତା'ର ଦିଶୁଅଛି। ଦୋଳବେଦୀ, ପଥର ପାହାଚ,
ପୋଖରୀର ନୀଳକଇଁ ସବୁ ଅଛି ଏଇ ମୁହୂର୍ତ୍ତରେ,
ସେ କରାଳ ସ୍ତ୍ରୀ ମୂର୍ତ୍ତି ବି (ଏକ ଭୀରୁ ପ୍ରେମିକା ରୂପରେ)।

ବଟପତ୍ର ପରି ଏକ ଗାଧୋଇବା ଟବ୍‌ରେ ଶରୀର
କୁମାରୀର ଲୁହଦ୍ୱାରା ବିଦ୍ଧ ହୁଏ, ଓ ରକ୍ତର ଲୁଣିଆ ସ୍ୱାଦରେ
ତୃଷାର୍ତ୍ତ ପିଶାଚୀମାନେ ଖୁବ୍ ଖୁସି। ହଠାତ୍ କାନ୍ଦିଲା
ମାଆ, ମାଳମାଳ ମୁଣ୍ଡ ତା' ବେକରେ
ଲମ୍ବିଛି ମନ୍ଦାରଫୁଲ ହାର ପରି, ତା' କାନ୍ଦ ମିଶିଲା
ଚୌଦିଗର ଅଟ୍ଟହାସ୍ୟ ସାଙ୍ଗେ ଏବଂ ଅଟ୍ଟହାସ୍ୟ ପରି ଶୁଣାଗଲା,
ଜଣାଗଲା ତା' ଖଣ୍ଡାର ଚୋଟ ଏବେ ବସିବ ଗଳାରେ
ଓ ବରଡ଼ାପତ୍ର ପରି ଅସ୍ଥିମଜ୍ଜା ତା'ର ଥରିଗଲା।

ସେ ମୁହୂର୍ତ୍ତ ଜଣାଗଲା ବେଶ୍ କିଛି ବର୍ଷ ପରି, ଦେହ
ଶୁଖି କଣ୍ଟା ହୋଇଗଲା, ଗଣି ହେଲା ଶିରା ଏବଂ ହାଡ଼,
ମୁହଁ ହେଲା ଫଟୋଗ୍ରାଫ୍ ତା' ବିବର୍ଣ୍ଣ ପୌରୁଷର, ମାତ୍ର
ଆକାଶ ପାତାଳ ହେଲା ପୂର୍ଣ୍ଣ ଏକ ଅଦ୍ଭୁତ ସଙ୍ଗୀତେ,
ଗଛରେ ଫୁଟିଲା ଫୁଲ ନାନାବର୍ଣ୍ଣ, ନାନାଦି ବାସ୍ନାର
ଓ ସହସ୍ର ମୃତ୍ୟୁ ସତ୍ତ୍ୱେ ପୁତ୍ର ହେଲା ପିତା ଆପଣାର।

ମାଆ ହାଣି ଦେଲା ପରେ ପୁନର୍ବାର ରକ୍ତନଦୀ ପୁଣି
ପହଁରୁଛି ମାଛ ଏବଂ ଚାହୁଁଅଛି ଉଭୟ କୂଳକୁ।
କ୍ଳାନ୍ତ ଅଙ୍ଗ, ହଂସା ଉଡ଼ି ଯାଉଅଛି, ହୃତ୍‌ପିଣ୍ଡ ଭିତରେ
ଅସମ୍ଭବ କମ୍ପନ ଓ ମାଛ ଭାସି ଯାଏ ସେ କୂଳକୁ
ଯେଉଁଠି ଅପେକ୍ଷା କରେ କାନ୍ଦି କାନ୍ଦି ଶୋଇଥିବା ପିତା
ଜର୍ଜରିତ ହତାଶାରେ ତା' ପୁଅର ପୁଷ୍ପକଯାନକୁ।

ମତେ ତମେ ଡାକିନିଅ, ପିତା ମୋର, ଓ ଆଳସ୍ୟ ପରିତ୍ୟାଗ କରି
ନିଜର କର୍ତ୍ତବ୍ୟ ଏବେ କରି ଶିଖ ପୁତ୍ରଠାରେ ନିର୍ଭର ନ କରି।

୩

ସ୍ଥିର ଏକ ସମୁଦ୍ର ଓ ଅସରନ୍ତି ଗୋଧୂଳି କାହିଁକି
ଅପେକ୍ଷା ବା କରିଛନ୍ତି ? ଚର୍ମବେଢ଼ା ହାଡ଼ର ଧବଳ
ଅଭିମାନ କାହା ପାଇଁ ? ଭଙ୍ଗା ଶିଶି ଉଠାଅ ରାସ୍ତାରୁ
ଓ ତାକୁ ଯିବାକୁ ଦିଅ ଫର୍ ଫର୍ ଧୋବଲୁଗା ପିନ୍ଧି
ଜଣାଣ ଓ ସ୍କୁଲ ବହି ଦିହୁଡ଼ିର ଆଲୁଅରେ ତାରା
ଓ ଜହ୍ନଙ୍କ ଭିତରେ ଓ ମଧୁ ଝରୁ ଗାଈଙ୍କ ପହ୍ନାରୁ।

ଦେହାନ୍ତର ନାନାଦି କିସମ- କେତେବେଳେ ବର୍ଷାଋତୁ ପରି
ଶୁଷ୍କ କଣ୍ଟା ଜଙ୍ଗଲକୁ ଓଦା କରେ ଆର୍ଦ୍ର ଉତ୍ତାପରେ,
ବେଙ୍ଗଙ୍କର ସଙ୍ଗୀତରେ ମନ୍ଥି ଏକ ଅଚିହ୍ନା ଅନ୍ଧାର
ଆଲୋକିତ କରି ତାକୁ ବିଜୁଳିର ହଠାତ୍ ସ୍ନେହରେ;
କେତେବେଳେ ଶୀତଋତୁ ପରି ଏକ ତ୍ରସ୍ତ ସଙ୍କୋଚନେ
ନିଭୃତ ନିଆଁରେ ଜଳେ ସାକ୍ଷୀ ରଖି ହାୱାର ହସକୁ,
କିମ୍ବା ଅନ୍ୟ ସମୟରେ କୋଇଲିର ସଙ୍ଗୀତ ଭିତରେ,
ଅଥବା ଉତ୍ତପ୍ତ ଝାଞ୍ଜିଦ୍ୱାରା ଦଗ୍‌ଧ ଖଣ୍ଡିଆଭୂତରେ
ଦେହାନ୍ତ ଆସେ ଓ ଯାଏ। ଦେହାନ୍ତର ନାନାଦି କିସମ
ଆକାଶର ବର୍ଣ୍ଣ ପରି (ବିମାନରେ ଯାତ୍ରା ଅନ୍ୟତମ)।

ନଡ଼ିଆ ଗଛର ଶୀର୍ଷେ ଲାଖିଥିବା ଖରାର ଶାଗୁଣା
ଡେଣାତଳେ ସଦ୍ୟସ୍ନାତ ଓ ମୁଣ୍ଡିତ ବାଳକ କହୁଛି
କଙ୍ଗାରୁ ମୃତ୍ୟୁକୁ, ମଧୁ ଝରୁ ଗାଈଙ୍କ ପହ୍ନାରୁ,
ଅସ୍ତସୂର୍ଯ୍ୟ ମଧୁପୂର୍ଣ୍ଣ ହୁଅନ୍ତୁ ଓ ହାୱା ମଧ୍ୟ ମଧୁପୂର୍ଣ୍ଣ ହେଉ,
ମହୁ ପରି ମିଠା ଲାଗୁ ସବୁ ପିତା ଓଷଦ ଓ ମୋର
ପିତାଙ୍କୁ ହେ ଭଗବାନ ରକ୍ଷାକର ଅଟ୍ଟହାସ୍ୟଠାରୁ।

ମୁଁ ଅଜ୍ଞାନ ବାଳୁତ ମୁଁ ମୋ ମାଆର ଶୁଷ୍କ ବିଛଣାର
ପଦ୍ମଫୁଲେ ଶୋଇ ରହି ଡରୁଅଛି ବେଙ୍ଗଙ୍କ ଚିତ୍କାର
ଶୁଣି ଏବଂ ଥରୁଅଛି ଶୀତର ହାଓ୍ୱାରେ।
ମୋ ଅରକ୍ଷ ଭବିଷ୍ୟତ ଭାସିଯାଏ ଛଅଖଣ୍ଡ କାଠର ଭେଳାରେ
ଅସଜ ବିମାନ ପରି ସମୁଦ୍ରର ରକ୍ତାକ୍ତ ଆକାଶେ,
ପ୍ରେତକୃତ୍ୟ ଜୁଆରରେ ଅମୃତର ପୁତ୍ର ଫେରିଆସେ
ଶାମୁକାର ଛଦ୍ମବେଶ ଧରି ଖୁସି ଜ୍ଞାତିଙ୍କ ସ୍ମୃତିକୁ।
କୋଇଲି କହୁଛି ହାୟ ଭୁଲିଗଲି ପୂର୍ବର ଗୀତକୁ।
ସେଦିନର ଆମ୍ରପତ୍ର ଚନ୍ଦ୍ରସୂର୍ଯ୍ୟ ବିମାନବନ୍ଦର
ସେ ଗୀତର ବିଜୁଳିରେ ଜଳିଗଲେ ଏବଂ ଏ ସନ୍ଧ୍ୟାର
ମେଘର ନିଆଁରେ ଦେଖ ଗ୍ରୀଷ୍ମ ବର୍ଷା ଶରତ ହେମନ୍ତ
ଶିଶିର ବସନ୍ତକାଳ ଓ ନାନାଦି ପ୍ରକାର ଦେହାନ୍ତ।

ସହଯାତ୍ରୀ ଓ କାଲି ସକାଳ

ସହଯାତ୍ରୀ

ଯେତେବେଳେ ମତେ ଶୁଭେ ବହୁଦୂରେ ଦଳେ ଲୋକଙ୍କର
ଗୀତ ଗାଉଥିବା ଶବ୍ଦ, ମନେପଡ଼େ ସେ ଦିନଗୁଡ଼ିକ
ତମେ ସେ ଓ ମୁଁ ଯେବେ ବୁଲୁଥିଲୁଁ ଅନ୍ଧାର ରାତିରେ
ଜଙ୍ଗଲଟା ସାରା ଏବଂ ମନେପଡ଼େ ବୁଢ଼ା ବୁଢ଼ା ଲୋକ
କହୁଥିଲେ ଆମେ ଯଦି ପାଦ ଦେବୁଁ ସେ ମାଟି ଉପରେ
ନିର୍ଦ୍ଦିଷ୍ଟ ମୁହୂର୍ତ୍ତେ ତେବେ ଏକବର୍ଷ କଟିବା ପୂର୍ବରୁ
ଆମ ମଧ୍ୟୁଁ ଫେରିବ ନି ଜଣେ ଲୋକ ଅନ୍ତତଃ ପକ୍ଷରେ।

ମୁଁ କହିଲି ଏହା ସବୁ ମିଛ କଥା ଓ ଅନ୍ଧବିଶ୍ୱାସ।
ପ୍ରଥମେ ନିଶ୍ଚୟ ସାରା ପୃଥିବୀଟା ପୂର୍ଣ୍ଣ ହୋଇଥିବ
ଜଙ୍ଗଲରେ। କାଳକ୍ରମେ ବୁଢ଼ା, ଗଜା, ଛୋଟ ଗଛଙ୍କର
ଅରଣ୍ୟକୁ କାଟିକରି ସହର ଓ ଗାଆଁ ବସିଥିବ;
ଜମିବାଡ଼ି ବସିଥିବ, କ'ଣ ହେଲା ସେ କଟାଳିଙ୍କର ?

ଆହୁରି ଅନେକ ଅନ୍ଧବିଶ୍ୱାସ ବି ତାହାଙ୍କର ଥିଲା;
ରାତ୍ରିର କୌଣସି ଏକ ପ୍ରହରରେ ମୃତ ଲୋକମାନେ
ଶୋଭଯାତ୍ରା କରି ଯାନ୍ତି ଗୀତ ଗାଇ ବାଜା ବଜାଇ ଓ
ଉଜ୍ଜ୍ୱଳ ଆଲୁଅ ଧରି କେଉଁ ଏକ ଦେବୀଙ୍କ ଆସ୍ଥାନେ।

ଏହି ତୁଚ୍ଛା ପ୍ରଗଲ୍‌ଭତାଠାରୁ ମୋର ଅଧିକ ପସନ୍ଦ
ଶୁଣିବାକୁ ବହୁଦୂର ଅନ୍ଧାରରୁ ଦଳେ ଲୋକଙ୍କର
ଭାସି ଆସୁଥିବା ଗୀତ, ନିଛାଟିଆ ସମୁଦ୍ର ଭିତରେ
ମୁଁ ହୁଏ ଜାହାଜ ଯା'ର ଇତସ୍ତତଃ ବୁଲା ବର୍ଷକର
ହଠାତ୍ ସମାପ୍ତ ହୁଏ ଏକ ଶାନ୍ତ ଓ ନୀଳ ବନ୍ଦରେ।

ତାହାପରେ ଆମେ ଦୁହେଁ ସାଙ୍ଗ ହୋଇ ଜଙ୍ଗଲକୁ ଯିବା
ଅନ୍ଧାର ରାତିରେ ବୁଲି। ପାଦଶବ୍ଦ ଆମର ସେଠାରେ
ନୂପୁରଙ୍କ ରୁଣୁଝୁଣୁ ଶବ୍ଦ ଏବଂ ପୂର୍ବ ପରିଚିତ
ପେହେଁକାଳୀ ସ୍ୱର ମଧ୍ୟେ ହଜିଯିବ କାନ୍ଦିବାଭାବରେ।

କାଲି ସକାଳ

ସବୁ କିଛି ଭୁଲିଯିବି, ବୁଡ଼ିଯାଉ ଖାଲି ଏହି ତାରା।
ସବୁ କିଛି ଭୁଲିଯିବି, ହେଉ ଖାଲି କାଲିର ସକାଳ
ମୁଁ ନିରସ୍ତ୍ର ରାଜପୁତ୍ର ବନ୍ଦୀ ଅଟେ ରାତ୍ରିର ଜାହାଜେ।
ଏବଂ ମୋର ସେବା କରେ ଏକ ବୁଢ଼ା ପବନ କେବଳ।

ଆମର ଜାହାଜ ଘୂରେ କୁହୁଡ଼ିର ସ୍ଫଟିକ କାନ୍ଥର
ଚାରିପାଖେ। ଉଡୁଛନ୍ତି ଧଳା ଧଳା ନିଷ୍ଫଳ ଚଢ଼େଇ
କଳା ଆକାଶରେ ଏବଂ କିଏ ମୋର ଦିନଙ୍କୁ ନେଉଛି
ଶୁଖିଲା ପତ୍ରଙ୍କ ପରି ବତାସରେ କୁଆଡ଼େ ଉଡ଼େଇ।

ମୃତ ଏବଂ ଅତିକାୟ ମାଛ ପରି ଲୋଟୁଛି ସନ୍ଧ୍ୟାର
ଶବ ଏବଂ (ଏହା ସିନା ଘଟିଥାନ୍ତା କୌଣସି ସ୍ୱପ୍ନରେ)
ମୁଁ ଚିପୁଚି ତଣ୍ଟି ତା'ର, ସମ୍ଭବତଃ ମୁଁ ଏହା ନ କଲେ
ମୋ ଶରୀର ଟଙ୍ଗା ହେବ ଫେବୃଆରୀ ମାସର ଫାଶୀରେ।
ହାୟ ମୋର ପତ୍ନୀ ହେବ ବିଧବା ଓ ମୋ ସନ୍ତାନମାନେ

ପିତୃହୀନ ହେବେ ଏବଂ ତା'ର ମୁହଁ ବାଳିକା ଲୁହରେ
ଅସ୍ତବ୍ୟସ୍ତ ବାଳ ମଧ୍ୟ ଚିକ୍ ଚିକ୍ କରିବ ଓ ତା'ର
ଟହ ଟହ ହସ ଶୁଣି ପଳାଇବେ ସମସ୍ତେ ଭୟରେ।

ମୁଁ ଖୋଜୁଛି ସେହି ହସ। ସବୁ କିଛି ଭୁଲିଯିବି ତରା
ବୁଡ଼ିଯିବା ପରେ, ଏବଂ ସୂର୍ଯ୍ୟାଲୋକ ରକ୍ତ-ଜର୍ଜରିତ
ଆତତାୟୀ ପରି ମୁହିଁ ଝୁଲୁଥିବା ସ୍ଥାନରୁ ଅବାକ୍
ଶିଶୁଙ୍କ ଭିଡ଼ରେ ପୂର୍ଣ୍ଣ ସହରରେ ହେବ ଅନ୍ତର୍ହିତ।

ପୃଷ୍ଠବନ୍ଧ

ଏଠାରେ ଯାହା କୁହାଯାଉଛି ତାକୁ ମୁଁ ଆଗରୁ ଥରେ ଗୋଟିଏ ସମ୍ମେଳନରେ କହିବାକୁ ଚେଷ୍ଟା କରିଥିଲି ଏବଂ ତା'ର ଏଠାରେ ପୁନାରାବୃତ୍ତି କରିବାର କାରଣ ଦ୍ୱିବିଧ। ପ୍ରଥମତଃ, ବକ୍ତୃତାର ଅନଭ୍ୟସ୍ତ ମାଧ୍ୟମରେ ନିଜର ବକ୍ତବ୍ୟ ପ୍ରକାଶ କରିବା ମୋ ପକ୍ଷରେ କଷ୍ଟକର ଏବଂ, ଦ୍ୱିତୀୟତଃ, ସେଠାରେ ଯାହା କୁହାଯାଇଥିଲା ତା'କୁ ଲିଖିତକାରରେ ନ ରଖି ଅନ୍ୟ କୌଣସି ବିଷୟରେ ଆଲୋଚନା କରିବା ଏକ ଅପଚୟ ଯାହାକୁ ମୋ ବ୍ୟତୀତ ଆହୁରି ଅନେକ ଲୋକ ମଧ୍ୟ ନାପସନ୍ଦ କରିବେ। ମୋର ପ୍ରଥମ କବିତା ସଂଗ୍ରହର ପୃଷ୍ଠବନ୍ଧରେ, ମୋର ମନେଅଛି, ମୁଁ ଏକ ଦ୍ୱିତୀୟ ସଙ୍କଳନ ସମ୍ବନ୍ଧରେ ଆଶଙ୍କା ପ୍ରକାଶ କରିଥିଲି। ଏ ଦ୍ୱିତୀୟ ସଙ୍କଳନ ସେ ଆଶଙ୍କାର ଅମୂଳକତା ପ୍ରତିପାଦନ କରୁନାହିଁ, କିନ୍ତୁ ଏହା ଜଣେ ସାହସୀ ପ୍ରକାଶକଙ୍କର ଲାଭକ୍ଷତି ବିଚାରରୁ ସ୍ୱାଧୀନ ଏକ ପ୍ରଚେଷ୍ଟା, ଯାହାର ସୁଯୋଗ ନେଇ ମୁଁ ଆମର କବିତାର କେତୋଟି ଗୁଣ ବିଷୟରେ ଆଲୋଚନା କରିବି। ଯଦି ଏହା ଅବାନ୍ତର, ତାକୁ ଉପେକ୍ଷା କରାଯାଇପାରେ; ଜଣେ ଲେଖକଙ୍କର ସବୁକିଛି ଲେଖା ଯେ ସମସ୍ତଙ୍କର ପଠନଯୋଗ୍ୟ ହେବ, ଏମିତି କିଛି ଧରାବନ୍ଧା ନିୟମ ଅଛି କି ?

ପ୍ରଥମରୁ କହିରଖେଁ, ଗତ ଦଶବର୍ଷ ଭିତରେ ଓଡ଼ିଆ କବିତାର ସମୃଦ୍ଧି ଆଶାଜନକ ଏବଂ ନୂତନ ଶୈଳୀ ତଥା ଚିନ୍ତାର ସନ୍ଧାନ ଲାଗି ବ୍ୟାକୁଳତା ନିର୍ଦ୍ଦିଷ୍ଟଭାବେ ପ୍ରାଞ୍ଜଳ। ଯଦି ତା'ର କେତୋଟି ଅଭାବ ଉପରେ ଗୋଟିଏ ପ୍ରବନ୍ଧ ଲେଖାଯାଉଛି, ତା'ର ଅର୍ଥ ନୁହେଁ ଯେ ତାହା ମୋଟାମୋଟି ଅସନ୍ତୋଷଜନକ। ଗତ ପାଞ୍ଚବର୍ଷ ତଳେ ମଧ୍ୟ ଆଧୁନିକ କବିତା ସମ୍ପର୍କରେ ଆଜିପରି ଏତେ ଆଲୋଚନା ହେଉ ନ ଥିଲା ଏବଂ ଆମେମାନେ

ଯେତେବେଳେ ଲେଖିବା ଆରମ୍ଭ କରିଥିଲୁ - ତାହା ବେଶୀ ଦିନର କଥା ନୁହେଁ- ସେ ସମୟର କଥା ବରଂ ନ କହିବା ଭଲ। କିନ୍ତୁ ଏବେ ହେଉଥିବା ସମସ୍ତ ଆଲୋଚନା, ମୁଁ ଆଶଙ୍କା କରୁଛି, ହୁଏତ ସାହିତ୍ୟର କେତୋଟି ଗତାନୁଗତିକ ଦିଗ (ଦୁର୍ବୋଧତା, ଶାଳୀନତା, ଇତ୍ୟାଦି) ପ୍ରତି ଉଦ୍ଦିଷ୍ଟ, କିମ୍ବା ସାହିତ୍ୟର ବହିର୍ଭୂତ କେତୋଟି ବିଷୟଙ୍କର ଓଜନରେ ଅସ୍ୱାସ୍ଥ୍ୟକର ଭାବେ ଭାରାକ୍ରାନ୍ତ। ଏସବୁ ଆଲୋଚନାର କେନ୍ଦ୍ର ହେଲା ବାସ୍ତବତା ସମ୍ବନ୍ଧରେ ମତର ବିଭିନ୍ନତା। ଆଧୁନିକ ଜୀବନର ବାସ୍ତବତା ତାଙ୍କର କଳାର ଭିତ୍ତି ବୋଲି କବିମାନେ ଦାବି କଲାବେଳେ ସମାଲୋଚକମାନେ (ଯେଉଁମାନେ ପାଠକମାନଙ୍କର ପ୍ରତିନିଧିତ୍ୱ କରୁଛନ୍ତି ବୋଲି ସାଧାରଣତଃ କହନ୍ତି) ସେ ଦାବି ଅସ୍ୱୀକାର କରୁଛନ୍ତି। ଅତି ପ୍ରାଚୀନ କାଳରୁ ଏହାହିଁ ସାହିତ୍ୟିକ ଆଲୋଚନାର ବିଷୟବସ୍ତୁ ହୋଇ ଆସିଛି ଯଦିଓ କବିତାର ଏକ ସର୍ବସମ୍ମତ ସଂଜ୍ଞା ଏ ପର୍ଯ୍ୟନ୍ତ ନିରୂପିତ ହୋଇପାରିନାହିଁ। ପୁଣି ସାହିତ୍ୟ କାହିଁକି ବାସ୍ତବବାଦୀ ହେବା ଉଚିତ କିମ୍ବା ଏକ ଅବାସ୍ତବ ବିଷୟବସ୍ତୁ ଉପରେ ଭଲ କବିତା ଲେଖିବା ସମ୍ଭବପର କି ନୁହେଁ ଏସବୁ ବିଷୟ ପ୍ରାୟ ଆଲୋଚିତ ହୁଅନ୍ତି ନାହିଁ ଯେଉଁଥିରୁ ଏହା ଅନୁମେୟ ଯେ ଏ ଆଲୋଚନା କବିତା ବା ସାହିତ୍ୟ ସମ୍ପର୍କରେ ନୁହେଁ, ଜୀବନ ସମ୍ପର୍କରେ। ଯାହା ଆମର କର୍ତ୍ତୃତ୍ୱାଧୀନ ନୁହେଁ ତା' ଉପରେ ଶକ୍ତି ଅପଚୟ କଲେ ଯାହା ଘଟିବାର କଥା ତାହାହିଁ ଘଟୁଚି, ଅର୍ଥାତ୍ ନାନାଦି ସମ୍ମେଳନ ସତ୍ତ୍ୱେ ପାରସ୍ପରିକ ବୁଝାମଣା ଶୋଚନୀୟ ଭାବେ ଅସମ୍ପୂର୍ଣ୍ଣ ରହିଯାଉଛି। କବିମାନେ ଦାବି କରୁଛନ୍ତି ଯେ ସେମାନେ ଜୀବନ ପ୍ରତି ଏକ ନୂତନ ଦୃଷ୍ଟିଭଙ୍ଗୀ ତିଆରି କରି ସାରିଲେଣି ଏବଂ ଏକ ନୂତନ ମୂଲ୍ୟବୋଧର ବାଟ ଫିଟାଇ ସାରିଲେଣି। ସେମାନଙ୍କର ସମାଲୋଚକମାନେ ସେମାନଙ୍କ ଲେଖାକୁ ଅବୋଧ ବା ଅର୍ଥହୀନ ବୋଲି ବର୍ଣ୍ଣନା କରୁଛନ୍ତି ଏବଂ ସେ ଦୃଷ୍ଟିଭଙ୍ଗୀ ବା ମୂଲ୍ୟବୋଧରେ ହୁଏତ କିଛି ନୂତନତ୍ୱ ଦେଖୁନାହାନ୍ତି କିମ୍ବା ସେଥିରେ ଏକ ଅଧୋଃଗାମୀ ସଭ୍ୟତାର ପ୍ରମାଣ ଦେଖୁଛନ୍ତି। ନିଜର କର୍ତ୍ତବ୍ୟ ଛାଡ଼ି ଅନ୍ୟଲୋକ କ'ଣ କରିବା ଉଚିତ ସେଥିରେ ମୁଣ୍ଡ ଖେଳାଇବାର ବଦଭ୍ୟାସ ସ୍ୱାଭାବିକ ହୋଇଥିବାରୁ କବି ଓ ସମାଲୋଚକ ଉଭୟଙ୍କର ପ୍ରଧାନ ଧନ୍ଦା ହେଉଛି ଜୀବନକୁ ବଦଳାଇବା ବା ଉନ୍ନତତର କରିବା, ଯେଉଁଥିରେ ବିଗତ ବହୁ ଶତାବ୍ଦୀ ଧରି ନିବିଷ୍ଟ ରହିବା ସତ୍ତ୍ୱେ ସର୍ବଶକ୍ତିମାନ ଈଶ୍ୱର ବି ଉଲ୍ଲେଖଯୋଗ୍ୟ ସାଫଲ୍ୟ ହାସଲ କରିପାରି ନାହାନ୍ତି।

ଏପରି ଆଲୋଚନା ଯେଉଁ ଚିତ୍ତବୃତ୍ତିର ପୃଷ୍ଠଭୂମିରେ ହୁଏ ତାହା ଶିଶୁସୁଲଭ, ଅର୍ଥାତ୍ ତାହା ଜୀବନର ଆପାତତଃ ବୈଚିତ୍ର୍ୟଦ୍ୱାରା ଚମତ୍କୃତ ହୁଏ ଏବଂ ଜୀବନଠାରୁ ଆଉ କ'ଣ ନୂଆ ମିଳିବ ଏ ଆଗ୍ରହରେ ବିହ୍ୱଳ। ତା' ପକ୍ଷରେ ଜୀବନ ଏକ ଭରପୂର,

ବିଚିତ୍ର ଓ ହରରଙ୍ଗୀ ବଜାର ("କେତେ ରଙ୍ଗେ ସଜାଇଛୁ ମା ଏ ବଜାର") ଯାହାର ସାମଗ୍ରୀ ସବୁବେଳେ କୌତୂହଳର କାରଣ ଅଥଚ ଏକଥା ଜଣାଶୁଣା ଯେ ଏକ ସୃଜନଶୀଳ ଚିତ୍ତବୃତ୍ତିର ଉଦ୍ରେକ ହୁଏ ଚାପଲ୍ୟ ଓ ଆଶ୍ଚର୍ଯ୍ୟ ଉତ୍ତାରୁ ଯେତେବେଳେ ଜୀବନ ତା'ର ସମସ୍ତ ପ୍ରତ୍ୟକ୍ଷ ଓ ପରୋକ୍ଷ ଦିଗ ସହିତ ସମୁଦାୟ ଭାବେ ପ୍ରତିଭାତ ହୁଏ ଏବଂ ଯେତେବେଳେ ଆମେ ତାକୁ ସ୍ୱାଭାବିକ ଭାବେ ଗ୍ରହଣ କରିବାକୁ ପ୍ରସ୍ତୁତ ହୋଇଥାଉଁ। ନଚେତ୍ ପ୍ରାଗୈତିହାସିକ ମନୁଷ୍ୟ ନିଆଁ ଦେଖି ତଟସ୍ଥ ହୋଇଗଲା ପରି ବା ଶିଶୁ ଚିଡ଼ିଆଖାନାରେ ବାଘ ଦେଖି କାକୁସ୍ଥ ହୋଇଗଲା ପରି ଜୀବନର କୌଣସି ଅପରିଚିତ ବିଭାଗର ସାମାନ୍ୟତମ କଳ୍ପନାରେ ଆମେ ମାନସିକ ଭାରସାମ୍ୟ ହରାଇବୁଁ-ଯାହା ଏବେ ସାଧାରଣତଃ ଘଟୁଛି-ଯଦିଓ ଆମର ସଂସ୍କୃତି ଏହି ତତ୍ତ୍ୱ ଉପରେ ପ୍ରତିଷ୍ଠିତ ଯେ କୌଣସି ଘଟଣା, କୌଣସି ପରିବର୍ତ୍ତନ ଆଶ୍ଚର୍ଯ୍ୟଜନକ ହେବା ଅନୁଚିତ ଯେହେତୁ ପୂର୍ଣ୍ଣମଦଃ ପୂର୍ଣ୍ଣମିଦଂ ପୂର୍ଣାପୂର୍ଣ୍ଣମୁଦଚ୍ୟତେ, ପୂର୍ଣ୍ଣସ୍ୟ ପୂର୍ଣ୍ଣମାଦାୟ ପୂର୍ଣ୍ଣମେବାଶିଷ୍ୟତେ।

ଏ ଚିତ୍ତବୃତ୍ତି (ଅଳ୍ପକେ ଆଶ୍ଚର୍ଯ୍ୟ ହୋଇଯିବା)ର କାରଣ ଅନୁଶୀଳନ କରିବା କଷ୍ଟସାଧ ଏବଂ କୌଣସି ଗୋଟିଏ କୈଫିୟତ୍ ସନ୍ତୋଷଜନକ ହେବା ଅସମ୍ଭବ। ଏହା ମଧ୍ୟ କୁହାଯାଇ ପାରେ ଯେ ଉପରେ ବର୍ଣ୍ଣିତ ଓ ତତ୍ତୁଲ୍ୟ ଅନ୍ୟାନ୍ୟ ତତ୍ତ୍ୱ ଏକ ମାର୍ଜିତ ଦାର୍ଶନିକ ମନୋବୃତ୍ତିର ନିଦର୍ଶନ ଯାହାକୁ ଗୋଷ୍ଠୀଚେତନାର ଗୁଣ ବୋଲି କୁହାଯାଇ ପାରିବ ନାହିଁ ଏବଂ ଏହି ଗୁଣ ଆଜି ଯାହା ମୋଟାମୋଟି ତାହାହିଁ ସବୁକାଳେ ଥିଲା। ଆମେ କିନ୍ତୁ ଏଠାରେ ଗୋଷ୍ଠୀଚେତନାର ବିଶ୍ଳେଷଣ କରୁନାହୁଁ ଏବଂ ଯେଉଁ ଧରଣର ଚେତନା ଏଠାରେ ଆଲୋଚିତ ହେଉଛି ତାହା ସବୁକାଳେ ଏକ ସଂଖ୍ୟାନ୍ୟୂନ ସମ୍ପ୍ରଦାୟର ହିଁ ଥିଲା। ଏ ଚେତନା ଏକ ସମୟରେ ଧନରତ୍ନ, ହାତୀଘୋଡ଼ା, ଭୋଗବିଳାସର ସାମଗ୍ରୀ ଓ ସାଧାରଣତଃ ଦୁଷ୍ପ୍ରାପ୍ୟ ସୁନ୍ଦରୀମାନଙ୍କୁ ଅବଲୀଳାକ୍ରମେ ପ୍ରତ୍ୟାଖ୍ୟାନ କରିପାରୁଥିଲା ଏବଂ ସ୍ଥଳବିଶେଷରେ ସ୍ୱୀୟ ଅନାସକ୍ତିକୁ ଏକ ଆଦର୍ଶ ଔଦ୍ଧତ୍ୟରେ ପରିଣତ କରିଥିଲା। ପରବର୍ତ୍ତୀ କାଳରେ ଏ ଚେତନା ଗୋଷ୍ଠୀ ବ୍ୟବହାରର ଊର୍ଦ୍ଧ୍ୱରେ ନ ରହି ତା'ର ଓକିଲାତି କାହିଁକି କଲା ଏବଂ ଗୋଷ୍ଠୀର ସ୍ଥୂଳତର ଆମୋଦପ୍ରମୋଦର ପ୍ରଲୋଭନର ବଶବର୍ତ୍ତୀ କାହିଁକି ହେଲା ତା'ର ଅନୁଶୀଳନ ଆଜି ଦରକାର ପଡୁଛି କାରଣ ଏ ସ୍ଖଳନ ଆଜି ଯେ ଏକ ଆଶ୍ଚର୍ଯ୍ୟଜନକ ନିମ୍ନତା ସ୍ପର୍ଶ କରିଛି ଖାଲି ତାହା ନୁହେଁ, ଇତିମଧ୍ୟରେ ବହୁତ ଅବାନ୍ତର ସଫେଇ ମଧ୍ୟ ଆବିଷ୍କୃତ ହୋଇଛି ଯାହାର ଉଦ୍ଦେଶ୍ୟ ହେଉଛି ସ୍ଥୂଳତା, ବୁଦ୍ଧିରହିତ ଉଦ୍‌ବେଗ ଓ ସ୍ୱାର୍ଥପରତାକୁ ସମ୍ମାନାସ୍ପଦ କରିବା। ଏହା ଏକ ବିପଦ୍‌ଜନକ ସଙ୍କେତ। ହୁଏତ ବହୁକାଳ ପର୍ଯ୍ୟନ୍ତ ଆବଦ୍ଧ ଓ ସୁତରାଂ ପଛୁଆ ଅର୍ଥନୈତିକ ଅବସ୍ଥାର ଅବଦାନ ଗୌଣ ନୁହେଁ। ଓଡ଼ିଶାର

ଅର୍ଥନୈତିକ ଅବସ୍ଥା ମୂଳତଃ କୃଷିଧର୍ମ୍ମୀ ହୋଇ ଆସିଥିବାରୁ କୃଷିଗତ ଅବସ୍ଥା ସମୁଦାୟ ଅର୍ଥନୀତିକୁ ନିୟନ୍ତ୍ରିତ କରିଆସିଛି। ଏହାଛଡ଼ା ଅନ୍ୟ ଉପାୟ ଥିଲା କି ନାହିଁ ତାହା ଏକ ସ୍ୱତନ୍ତ୍ର ପ୍ରଶ୍ନ, କିନ୍ତୁ ଏ କଥା ସହଜରେ ସ୍ୱୀକାର୍ଯ୍ୟ ଯେ କୃଷିଗତ ଅବସ୍ଥା ଦାରିଦ୍ର୍ୟ ଓ ପଛରେ ପଡ଼ିରହିବାର ପରିପୋଷକ ହୋଇ ଆସିଛି। ଏକ ପଛୁଆ ଅର୍ଥନୈତିକ ଅବସ୍ଥାର ସର୍ବବାଦୀସମ୍ମତ ଲକ୍ଷଣ ହେଉଛି ମୁଣ୍ଡପିଛା ନିୟୋଜିତ ପୁଞ୍ଜିର ସ୍ୱଚ୍ଛତା ଓ ମୁଣ୍ଡପିଛା ଅର୍ଜିତ ପ୍ରକୃତ ଆୟର ଅସନ୍ତୋଷଜନକ ବୃଦ୍ଧିହାର। ଅନ୍ୟ କଥାରେ କହିଲେ ଏକ ପଛୁଆ ଅର୍ଥନୈତିକ ଅବସ୍ଥାରେ ମୁଣ୍ଡପିଛା ଉତ୍ପାଦନ କମ୍। ଜାଭା, ସୁମାତ୍ରା ଇତ୍ୟାଦି ତତ୍କାଳୀନ ଦେଶମାନଙ୍କ ସହିତ ଆଧୁନିକ ଓଡ଼ିଶା ବୋଲି ପରିଚିତ ଭୂଖଣ୍ଡର ଇତିହାସପ୍ରସିଦ୍ଧ ନୌବାଣିଜ୍ୟ କିପରି ଅର୍ଥନୈତିକ ସମୃଦ୍ଧି ଆଣିଥିଲା କେଜାଣି, ତା'ର ପରିଣାମ କିନ୍ତୁ ଦୀର୍ଘକାଳ ସ୍ଥାୟୀ ହୋଇନାହିଁ ଏବଂ ସମ୍ଭବତଃ ସେ ସାଧବମାନେ ଏକ ଲୋକବହୁଳ କୃଷିରେ ହିଁ ସାମିଲ ହୋଇଯାଇଛନ୍ତି। କୃଷି ଉପରେ ପ୍ରତ୍ୟକ୍ଷଭାବେ ନିର୍ଭର କରୁଥିବା ଲୋକମାନଙ୍କ ତୁଳନାରେ ଜମିର ପରିମାଣ ଅଳ୍ପ ଥିବାରୁ ନିଜ ନିଜର ଅଂଶକୁ କୌଣସିମତେ କାମୁଡ଼ି ପଡ଼ି ରହିବା ଏକ ସ୍ୱାଭାବିକ ଜୀବନଧାରା ହୋଇପଡ଼ିଲା ଏବଂ ଭୂମିରୁ ଆଇନଗତ ପନ୍ଥା ବ୍ୟତିରେକେ ବେଦଖଲି ବନ୍ଦ କରିବା ବହୁ କାଳ ଧରି ଏକ ଶାସନଗତ ଆଦର୍ଶ ହୋଇ ଆସିଛି। କାଳକ୍ରମେ ଭୂମିହୀନ କୃଷକଙ୍କ ସଂଖ୍ୟା ବୃଦ୍ଧି ପାଇବାକୁ ଲାଗିଲା ଏବଂ କୃଷି ଅନେକଙ୍କ ପକ୍ଷରେ ଏକ ଲାଭଜନକ ବ୍ୟବସାୟ ନ ହୋଇ ଏକ ଜୀବନଧାରାରେ ପରିଣତ ହେଲା।

ଏହି ଅବସ୍ଥା ସହିତ (କିମ୍ବା ଏହା ଯୋଗୁଁ) ଜୀବନ ପ୍ରତି ଆମର ମତିଗତି ମଧ୍ୟ ପରିବର୍ତ୍ତିତ ହୋଇଆସିଛି ଏବଂ ପରିଶେଷରେ ଏପରି ଏକ ଗୁଣବିଶିଷ୍ଟ ହୋଇଛି ଯେ ପୂର୍ବ ପରିଚିତ ଏକ ଗତାନୁଗତିକ ଜୀବନ ପ୍ରଣାଳୀ ବ୍ୟତୀତ (ଯାହାକୁ ଆମର କବିମାନେ ଜୀବନର ଛନ୍ଦ ବୋଲି କହନ୍ତି) ଅନ୍ୟ କୌଣସି ଜୀବନର କଳ୍ପନା ବିରଳ ହୋଇ ପଡ଼ିଛି। ଜମି ପରି ଜୀବନ କ୍ଷୁଦ୍ର, କେତେଗୁଡ଼ିଏ ସୁସ୍ପଷ୍ଟ ଗୁଣବିଶିଷ୍ଟ ଓ ତା'ର ଚୌହଦୀ ନିର୍ଦ୍ଦିଷ୍ଟ ଏବଂ ମନୁଷ୍ୟର ଚେଷ୍ଟା ଯେତେ ବେଶି ହେଉ, ତାହା (ଜମିପରି) ଏକ ନିର୍ଦ୍ଦିଷ୍ଟ ସର୍ବୋଚ୍ଚ ଉତ୍ପାଦନର ସୀମା ଡେଇଁ ପାରିବ ନାହିଁ। ଫଳତଃ ସାହିତ୍ୟିକ ସମୃଦ୍ଧି ପାଇଁ ପ୍ରୟୋଜନ ହେଉଥିବା ଜୀବନର କଳ୍ପନା, ମନୁଷ୍ୟର ଏକ ନୂତନ ବ୍ୟାଖ୍ୟା ଏବଂ ପାରସ୍ପରିକ ସମ୍ପର୍କର ମୌଳିକ ବିଶ୍ଳେଷଣରୁ ଆମର ଚେତନା ଏ ପର୍ଯ୍ୟନ୍ତ ବଞ୍ଚିତ ହୋଇଆସିଛି ଏବଂ ଅନେକ ବ୍ୟକ୍ତିଗତ କୃତିତ୍ୱ (ଯାହା ସାଧାରଣତଃ ଶୈଳୀ ସମ୍ବନ୍ଧୀୟ) ସତ୍ତ୍ୱେ ଏ ଶୂନ୍ୟତା ଆମର ସାହିତ୍ୟର ଅଭିବୃଦ୍ଧିରେ ଅନ୍ତରାୟ ହୋଇ ଆସିଛି। ଜୀବନର ନିର୍ଦ୍ଦିଷ୍ଟତା ଚିନ୍ତା ଏବଂ ଭାବରାଜ୍ୟର ପଣ୍ଡିତମାନଙ୍କଦ୍ୱାରା ବାରମ୍ବାର ଲିପିବଦ୍ଧ

ହୋଇଆସିଛି ଏବଂ ସେ ସ୍ରୋତର ବିପକ୍ଷରେ ପହଁରି କେହି ଜୀବନ ଧରି ଫେରି ନାହିଁ। ତଳେ ଗୋଟିଏ ଉଦାହରଣ ଦିଆଗଲା ଯାହାକୁ ବାଛିବାରେ କୌଣସି ପରିଶ୍ରମ କରାଯାଇନାହିଁ:

ଭଜରେ ଶ୍ରୀଗୁରୁପାଦ ନ କରି ହେଳା।
ଅଣହେଳା କଲେ ଭବେ ବୁଡ଼ିବ ଭେଳା। ଘୋଷା।
ପ୍ରଥମ ଦିନରେ ସୁତ ମାତା ଗର୍ଭେ ହେଲା ସ୍ଥିତ
ଦଶମାସ ଯାଏ ଗର୍ଭ ଗତରେ ଥିଲା।
ଗର୍ଭେଥିଲା ଯେତେଦିନ କରୁଥିଲା ବ୍ରହ୍ମେ ଧ୍ୟାନ
ବେନିକର ଯୋଡ଼ି ପାଦେ ଭଗତି ହେଲା। ୧।
ଅବନୀରେ ପଡ଼ି ପୁଅ ରାବ ଦେଲା କୁହ କୁହ
ପୂର୍ବଜନ୍ମ ହେତୁ ଗୋଟା ପାଶୋରି ଦେଲା।
ମାତା ଦେଲା କ୍ଷୀର ପାନ ବାଳଭୋଳେ ଗଲାଦିନ
କଉତୁକେ ଶିଶୁ ସଙ୍ଗେ ରଙ୍ଗେ ବଢ଼ିଲା। ୨।
ହୋଇଲା ଦ୍ୱିତୀୟ କାଳ ତନୁ ହୋଇଲା ପ୍ରବଳ
ଉତ୍ପତ୍ତିରୁ ସ୍ଥିତି ଯହୁଁ ଅଧିକ ହେଲା।
ପାଇ ଯୁବତୀ ରତନ କାମରେ ବୁଡ଼ିଲା ମନ
ଦୁର୍ଲଭ ଶରୀର ଗୋଟା ବିଅର୍ଥ ହେଲା। ୩।
ତ୍ରିୟକଳ ଆସି ହେଲା ନିରଞ୍ଜନ ନ ଭଜିଲା
ହିଂସା ରାଗ ତମେ ନିରନ୍ତରେ ମଜ୍ଜିଲା।
ଦେଖି ସୁତ ବିତ୍ତ ଧନ ଚିନ୍ତାରେ ବୁଡ଼ିଲା ମନ
ଗୁରୁପାଦ ଛାଡ଼ି ମାୟା ମୋହେ ଜଡ଼ିଲା। ୪।
ହୋଇଲା ଚତୁର୍ଥ ଯୁଗ ସରିଲା ଦେହର ଭୋଗ
ଅସ୍ଥିଚର୍ମ ଏକଠାରେ ଠୁଳ ହୋଇଲା।
ଫୁଙ୍କାବନ୍ଧ ହେଲା ନାଶ ଉଡ଼ିଲା ପରମ ହଂସ
ଗୁରୁପାଦ ଧ୍ୟାୟି ଭୀମ ଭୋଇ ଭଣିଲା।

ଉପରୋକ୍ତ କବିତାରେ ଜୀବନକୁ ଯେଉଁ ଦୃଷ୍ଟିରେ ଦେଖାଯାଇଛି ସେ ଦୃଷ୍ଟିଭଙ୍ଗୀ ଆମର ସାହିତ୍ୟ କ୍ଷେତ୍ରରେ ସ୍ୱାଭାବିକ ଏବଂ ତା'ର ଅନ୍ୟାନ୍ୟ ନମୁନା ଅକ୍ଳେଶରେ ଦେଇହେବ। ଏ ପ୍ରକାର ଜୀବନ ନିମ୍ନୋକ୍ତ କେତୋଟି ଗୁଣବିଶିଷ୍ଟ:

(୧) ଆତ୍ମା ଶାଶ୍ୱତ। ଏହା ଜନ୍ମ ପୂର୍ବରୁ ଥିଲା ଓ ମୃତ୍ୟୁ ପରେ ରହିବ।

(୨) ଜୀବନକାଳ ମଧ୍ୟରେ ଆତ୍ମା ବ୍ରହ୍ମ ସହିତ ସମ୍ବନ୍ଧ ଭୁଲିଯାଏ, ଯଥା ଶୈଶବରେ ଅଜ୍ଞାନତା ହେତୁ, ଯୌବନରେ କାମୋଦ୍ଦୀପନା ହେତୁ ଓ ପ୍ରୌଢ଼ତ୍ୱରେ ବିଷୟାସକ୍ତି ହେତୁ।

(୩) ସଂସାର ଓ ତା ମଧ୍ୟରେ ସବୁ-ଯୁବତୀରତ୍ନ, ସୁତ, ଚିତ୍ତ ଇତ୍ୟାଦି-ଅନିତ୍ୟ।

ଏଠାରେ ଏକଥା ମନେରଖିବା ଉଚିତ, ଭୀମ ଭୋଇ ବା ତାଙ୍କର ଧର୍ମତତ୍ତ୍ୱ ପ୍ରତି କୌଣସି ମନ୍ତବ୍ୟ ପ୍ରକାଶ କରାଯାଉ ନାହିଁ ଏବଂ ଏ କବିତା ଉଦ୍ଧାର କର ଯାଇଛି ଜୀବନ ପ୍ରତି ଖାଣ୍ଟି ଓଡ଼ିଆ ମନୋଭାବର ଉଦାହରଣ ଦେବା ପାଇଁ। ଭୀମଭୋଇଙ୍କୁ ଛାଡ଼ି ଅନ୍ୟ କୌଣସି ଉଦାହରଣ ମଧ୍ୟ ଦିଆଯାଇ ପାରିଥାନ୍ତା ଏବଂ ଉପସ୍ଥିତ ଉଦାହରଣଟି ପୂରାପୂରି ଆକସ୍ମିକ। ଉପରୋକ୍ତ ପ୍ରତ୍ୟେକ ଗୁଣ ସମ୍ପର୍କରେ ଶାସ୍ତ୍ର ଏବଂ ସାହିତ୍ୟରେ ଅସଂଖ୍ୟ ନଜିର ରହିଛି ଏବଂ ସେସବୁ ଏତେ ପ୍ରାଞ୍ଜଳ ଯେ ତାକୁ ଏଠାରେ ଉଦ୍ଧାର ନ କଲେ ଚଳେ। କିନ୍ତୁ ଯଦି ଏତଦ୍‌ଭିନ୍ନ ଅନ୍ୟ ଅଭିଜ୍ଞତା କାହା କପାଳରେ ଜୁଟେ, ଯଦି (ଉଦାହରଣ ସ୍ୱରୂପ) କାହାର ଅନୁଭୂତି ଏହା ହୁଏ ଯେ କୌଣସି ଯୁବତୀରତ୍ନ ସହିତ ତା'ର ସମ୍ପର୍କ ଗଭୀର ଓ ଅର୍ଥପୂର୍ଣ୍ଣ, ଯଦି ସେ ଅନୁଭୂତିରେ ପ୍ରାଣସ୍ପର୍ଶୀ ବିଷାଦର ସତ୍ତା ଥାଏ, ତେବେ ତାହା ଏ ପ୍ରକାର ମନୋବୃତ୍ତିର ଦୃଷ୍ଟିରେ ଗୋଟିଏ ଫାର୍ସ ପରି ଜଣାଯିବ ଯେହେତୁ ଶାସ୍ତ୍ରୋକ୍ତ ମତରେ ଏ ସମ୍ପର୍କ ଅନିତ୍ୟ ହେବା କଥା। ଏ ସମ୍ପର୍କର ଅନିତ୍ୟତାହିଁ ଯେ ଗୁରୁତ୍ୱପୂର୍ଣ୍ଣ ସେ କଥା ଆମେ ବିଚାର କରିବାକୁ ଅନିଚ୍ଛୁକ। ଏହାର ପ୍ରତିପକ୍ଷରେ ନିମ୍ନୋକ୍ତ ଉଦାହରଣ (ସେକସ୍‌ପିୟରଙ୍କ "ଆଣ୍ଟୋନି ଆଣ୍ଡ୍ କ୍ଲିଓପାଟ୍ରା"ରୁ)ରେ ପ୍ରତିଫଳିତ ମନୋବୃତ୍ତି ତୁଳନୀୟ:

Fall not a tear, I say; one of them rates
All that is won and lost. Give me a kiss;
Even this repays me. (III.II)

ଏ କ୍ଷେତ୍ରରେ ଯେଉଁ ବସ୍ତୁମାନେ ମୂଲ୍ୟବାନ ସେମାନେ କୌଣସି ସ୍ତ୍ରୀଲୋକ ଅପେକ୍ଷା ଅନିତ୍ୟତର। ଲୁହ ଏବଂ ଚୁମ୍ବନ ଖୁବ୍ କ୍ଷଣସ୍ଥାୟୀ ଅଥଚ ସେମାନେ ଆଣ୍ଟୋନିଙ୍କର ଜୀବନର ସାରାଂଶ ସହିତ ନିବିଡ଼ ଭାବେ ଜଡ଼ିତ ଏବଂ ତାଙ୍କର ଜୀବନ ଯେ ସାଧାରଣ ଜୀବନ ଅପେକ୍ଷା ପୃଥକ୍ ଓ ତା'ଠାରୁ ଉଚ୍ଚରେ ଏକଥା ମୂଳରୁ ସ୍ପଷ୍ଟ ("if there be nor ever were one such/it's past the size of dreaming"). All that is won and lostର ଶ୍ରେଣୀରେ ବିଶାଳ ରୋମାନ୍ ସାମ୍ରାଜ୍ୟ, ଏପରି କ୍ଷମତା ଯାହା ଖୁବ୍ ଅଳ୍ପଲୋକ ପାଇଛନ୍ତି, ପ୍ରାୟ ଅସୀମ ଐଶ୍ୱର୍ଯ୍ୟ-ଏସବୁ ଅନ୍ତର୍ଭୁକ୍ତ। ଏସବୁ ଜୀବନ ପାଇଁ ଉଦ୍ଦିଷ୍ଟ ଏବଂ ଏସବୁକୁ ପ୍ରତ୍ୟାଖ୍ୟାନ କରିବା

ଅର୍ଥ ଜୀବନକୁ ପ୍ରତ୍ୟାଖ୍ୟାନ କରିବା। ଅନ୍ୟ କଥାରେ କହିଲେ ଏହା ଲାଳସାର ନୁହେଁ, ବୈରାଗ୍ୟର ଲକ୍ଷଣ ଏବଂ ଏ ପ୍ରତ୍ୟାଖ୍ୟାନ ଯେଉଁ ବିଷାଦରେ ଭାରାକ୍ରାନ୍ତ ତାକୁ ଯୌନଲାଳସା ଉପରେ ପ୍ରତିଷ୍ଠିତ କୌଣସି ସମ୍ପର୍କ ବୁଝାଇବାକୁ ଅକ୍ଷମ।

ଅନୁଭୂତିର ଏପରି ନିଗୂଢ଼ତା ଆମ ମନୋବୃତ୍ତିରେ ସାଧାରଣତଃ ଅସମ୍ଭବ। ଗତାନୁଗତିକ ପ୍ରତିକ୍ରିୟା ସହିତ ଏପରି ଅନୁଭୂତି ଖାପ୍ ଖାଉ ନ ଥିବାରୁ ଏହା ଆମର ସାଧାରଣ ପାଠକଙ୍କୁ ବିବ୍ରତ କରି ପକାଇବ। ଆଣ୍ଟୋନି ଆଗରୁ ବିବାହିତ ଥିଲେ ଏବଂ କ୍ଲିଓପାଟ୍ରାଙ୍କ ସହିତ ତାଙ୍କର ସମ୍ପର୍କ ସମାଜଦ୍ୱାରା ଅନୁମୋଦିତ ନୁହେଁ। ଆମର ପ୍ରତିକ୍ରିୟା ଏ ସମ୍ପର୍କରେ ପ୍ରକାଣ୍ଡ ବିଷାଦର ସୂଚନା ନ ଦେଖି ସାମାଜିକ ପଦ୍ଧତି ସହିତ ତା'ର ଅସାମଞ୍ଜସ୍ୟ ପ୍ରଥମେ ଦେଖିବ ଏବଂ କାନ୍ଥ ବାଡ଼ରେ ଏପରି ସମ୍ପର୍କର ସଚିତ୍ର ବିବରଣୀ ପ୍ରଥମ କରି ଦେଖୁଥିବା କିଶୋରର କୌତୂହଳ ସାଙ୍ଗରେ ଆମର କୌତୂହଳ ତୁଳନୀୟ ହେବ। ଏକଥା ପ୍ରାୟ ବୁଝାଯିବ ନାହିଁ ଯେ ଏ ସମ୍ପର୍କରେ ଯୌନକ୍ଷୁଧା ପ୍ରାୟ ନାହିଁ ଏବଂ ଏହା ଏପରି ଏକ ସ୍ତରରେ ଉପନୀତ ହୋଇଛି ଯେ ସେଠାରେ ଇନ୍ଦ୍ରିୟାନୁଭୂତି ନୁହେଁ, ବରଂ ସେପରି ଏକ ଅନୁଭୂତିର ବିରୁଦ୍ଧାଚରଣ କରୁଥିବା ମୂଲ୍ୟବୋଧ ହିଁ କାମ କରୁଛି। ଆମ ପକ୍ଷରେ କିନ୍ତୁ ଦୈହିକ ଆନନ୍ଦ ଓ କୌତୂହଳ ଛାଡ଼ିବା ମୁସ୍କିଲ୍। କୃଷ୍ଣସିଂହ ମହାଭାରତରେ ପ୍ରେମିକ (କୀଚକ) ପ୍ରେମିକା (ଦ୍ରୌପଦୀ)କୁ କହୁଛି:

ଏବେ ତୁ ମୋତେ ଯେବେ ହୋଇବୁ ସୁମୁଖ,
ପାସୋରି ଦେବି ତୋର ଦେହୁଁ କାମଦୁଃଖ।

ଏଠାରେ ସୂଚନାର ସ୍ଥୂଳତା ସ୍ପଷ୍ଟ। ତା'ଛଡ଼ା ପ୍ରେମିକା ପ୍ରତି ପ୍ରେମିକର ମନୋଭାବ ସମ୍ମାନଜନକ ନୁହେଁ। ଏହାର ପ୍ରତ୍ୟୁତ୍ତରରେ ଏକଥା କୁହାଯାଇ ପାରେ ଯେ କୀଚକ ଆମ ସଂସ୍କୃତିର ଆଦର୍ଶ ପ୍ରେମିକ ନୁହେଁ (ଯଦିଓ ଏକଥା ଏ ଆଲୋଚନାରୁ ସ୍ପଷ୍ଟ ହେବା ଉଚିତ ଯେ କୀଚକସୁଲଭ ପ୍ରେମ ହିଁ ଆମର ପ୍ରେମର ମୂଲ୍ୟାଙ୍କନ କରିଛି) ଏବଂ ଏ ଉଦାହରଣ ଉଦ୍ଦେଶ୍ୟମୂଳକ। ଯୁକ୍ତି ପାଇଁ ସେ କଥା ସ୍ୱୀକାର କରି ନିଆଯାଉ ଏବଂ କୀଚକ ସହିତ ତୁଳନୀୟ ଏକ ଚରିତ୍ର ସେକସ୍‌ପିୟରଙ୍କ 'ରେପ୍ ଅଫ୍ ଲୁକ୍ରିସ'ରୁ ନିଆଯାଉ। ସେକ୍‌ସଟସ ଟାରକ୍ୱିନିୟସ୍ ଅନ୍ୟ ଲୋକର ସତୀ ଏବଂ ସୁନ୍ଦରୀ ସ୍ତ୍ରୀ ପ୍ରତି ଲୁବ୍ଧ ହୋଇ ଏକଦା ନିଜର ପାପ ପ୍ରବୃତ୍ତି ବଳପୂର୍ବକ ଚରିତାର୍ଥ କରିବା ପାଇଁ ସେ ମହିଳାଙ୍କର ଶୋଇବା ଘରେ ଆଗରୁ ଲୁଚି ରହିଲେ। ଲୁକ୍ରେସିୟାଙ୍କ ସ୍ୱାମୀ ସେତେବେଳେ ଅନୁପସ୍ଥିତ ଥିଲେ। ଏ ପର୍ଯ୍ୟନ୍ତ ଏ ଗଳ୍ପ ସହିତ କୀଚକ-ଦ୍ରୌପଦୀ ସମ୍ବାଦ ତୁଳନୀୟ। କିନ୍ତୁ ଲୁକ୍ରେସିୟାଙ୍କ

ଶରୀର ଉପରେ ଟାରକ୍ୱିନିୟସଙ୍କ ମନ୍ତବ୍ୟ କୀଚକର ମନ୍ତବ୍ୟ ପରି ସ୍ଥୁଳ ଓ ଯୌନସର୍ବସ୍ୱ ନୁହେଁ ଯଦିଓ ଦୁହିଁଙ୍କର ଉଦ୍ଦେଶ୍ୟ ସମାନ ଥିଲା:

The colour in the face,
That even for anger makes the lily pale
And the red rose blush at her own disgrace..

ଏ ମନ୍ତବ୍ୟ ମୂଳତଃ କାବ୍ୟପ୍ରାଣ ଯାହା ସମ୍ଭବ ହୋଇଛି ଏକ ପ୍ରକାର ଦେହାତୀତ ଉଲ୍ଲାସଦ୍ୱାରା, ଅର୍ଥାତ୍ ସାଧାରଣତଃ ଗୃହୀତ ଜୀବନକୁ ଅତିକ୍ରମ କରିବାଦ୍ୱାରା। ଆକାଙ୍କ୍ଷା ଏତେ ଉତ୍କଟ ନୁହେଁ ଯେ ନିର୍ବିବାଦରେ ସୁନ୍ଦର ବସ୍ତୁ (ଅର୍ଥାତ୍ ଗୋଲାପ ଇତ୍ୟାଦି)ଙ୍କୁ ପସନ୍ଦ କରିବା ଲାଗି ଫୁରୁସତ ନାହିଁ। ଆମର ଆଦର୍ଶ ପ୍ରେମିକ, ଅର୍ଥାତ୍ ଶ୍ରୀକୃଷ୍ଣ ବି ତାଙ୍କର ପ୍ରେମରେ ଅଧିକତର ଦୈହିକ। ମଥୁରାରୁ ସେ ଏକ ବ୍ୟାକୁଳ ଓ ଏକନିଷ୍ଠ ପ୍ରେମିକା ନିକଟକୁ ଚିଠି ଲେଖିଲାବେଳେ ତାଙ୍କୁ "ଶିରୀଷକୋମଳା କାମନଦୀଭେଳା ଉଲଟରମ୍ଭାଜଘନି" (ମଥୁରାମଙ୍ଗଳ, ଅଷ୍ଟବିଂଶ ଛାନ୍ଦ) ବୋଲି ବର୍ଣ୍ଣନା କରିଛନ୍ତି ଏବଂ ଏ ବିଷୟରେ ସନ୍ଦେହ ହେବା ସ୍ୱାଭାବିକ ଯେ ଯଦି ତାଙ୍କର ପ୍ରେମିକାଙ୍କର ଦୈହିକ ସୌନ୍ଦର୍ଯ୍ୟ ଊଣା ହୋଇଥାନ୍ତା ତେବେ ହୁଏତ ଶ୍ରୀକୃଷ୍ଣ ତାଙ୍କ ପ୍ରତି ଏତେ ଭାବପ୍ରବଣ ହୋଇ ନ ଥାନ୍ତେ। ଏତେ ସୌନ୍ଦର୍ଯ୍ୟ ସତ୍ତ୍ୱେ ଯେ ଶ୍ରୀକୃଷ୍ଣ ଆଉ ମଥୁରାରୁ ଫେରିଲେ ନାହିଁ ଏକଥା ସର୍ବଜନବିଦିତ। ଏ ମନୋଭାବର ପ୍ରଭାବ ଆଧୁନିକ କବିତାରେ ଏତେ ସ୍ପଷ୍ଟ ଯେ କୌଣସି ଅନୁଭୂତିରେ କେତେଦୂର ନିଷ୍ଠା ଅଛି ଏ ପ୍ରଶ୍ନ ସ୍ୱତଃ ଉଠେ ଏବଂ ଆମେ ଯେଉଁମାନେ ଲେଖୁଚୁଁ ସେମାନେ ନିଜକୁ ନିଜେ ପଚାରିବା ଉଚିତ ଯେ ଅନୁଭୂତିର ନିଷ୍ଠା ବ୍ୟତୀତ ଆମେ ଆଉ କେତେଦୂର ଚାଲିବୁଁ। ଏଠାରେ ପୁଣି କହି ରଖିବା ଉଚିତ ଯେ ଏ ଆଲୋଚନାରେ ପ୍ରାଚୀନ ସାହିତ୍ୟ ବା ତା'ର କୌଣସି ରଥୀଙ୍କୁ ସମାଲୋଚନା କରିବା ମୋର ଉଦ୍ଦେଶ୍ୟ ନୁହେଁ; ବରଂ ସେମାନଙ୍କର କୃତିତ୍ୱ ଅନେକ ସମୟରେ ଈର୍ଷାର ବସ୍ତୁ ଏବଂ ଆଜିକାଲି ଯେତେ ସହଜରେ ପଚାଶ ବର୍ଷରୁ ଊର୍ଦ୍ଧ୍ୱ ପ୍ରାୟ ସବୁ ଲେଖକଙ୍କୁ ସମାଲୋଚନା କରାଯାଉଛି ମୁଁ ତା'ର ପକ୍ଷପାତୀ ନୁହେଁ। *ଉପସ୍ଥିତ ପରିସ୍ଥିତିରେ ସେମାନଙ୍କର ଅବଦାନକୁ ଗୌଣ ବୋଲି ଭାବିବା ସହଜସାଧ୍ୟ ଏବଂ ତାଙ୍କର କୃତିତ୍ୱକୁ ବୁଝିବା ପାଇଁ ଯେଉଁ ପାଣ୍ଡିତ୍ୟ ବା ବିଚାରବନ୍ତ ଦୃଷ୍ଟି ଦରକାର ତାହା ଖୁବ୍ କମ୍ ଲୋକଙ୍କର ଅଛି। ବୟସ କୌଣସି ଅଭିନେତ୍ରୀ ପକ୍ଷରେ ଖୁବ୍

---

*Complain against the dead, but donot sue.
They never read you, much less injured you.
- Vernon Watkins: Affinities.

ମୂଲ୍ୟବାନ ହୋଇପାରେ; ସାହିତ୍ୟିକ କୃତିତ୍ୱକୁ ବିଚାର କରିବା ପାଇଁ ତାହା ପୂରାପୂରି ଅବାନ୍ତର ଏବଂ ଯଦି ଏ କଥା ମନେ ରଖାଯାଏ ଯେ ଦିନେ ନା ଦିନେ ଆମେ ସମସ୍ତେ ବୁଢ଼ା ହୋଇଯିବା ଏବଂ ତା' ପୂର୍ବରୁ ନ ହେଲେ ବି ତା' ପରେ ମରିଯିବା ତେବେ ଆମର ପୂର୍ବବର୍ତ୍ତୀ ଲେଖକମାନଙ୍କ ପ୍ରତି ଆମର ମନୋବୃତ୍ତି ଅଧିକତର ସମ୍ମାନଜନକ ହେବ। ତେବେ ଏଠାରେ ମୋର ଏହା କହିବା କଥା ଯେ ଆମର ସାହିତ୍ୟିକ ଐତିହ୍ୟରେ ଗଢ଼ି ଉଠିଥିବା ମନୋବୃତ୍ତି ଆଧୁନିକ ସାହିତ୍ୟ ସୃଷ୍ଟିର ସହାୟକ ନୁହେଁ ଏବଂ ଜୀବନ ଭିତରେ ଏ ପର୍ଯ୍ୟନ୍ତ ଅନ୍ତର୍ଭୁକ୍ତ ହୋଇ ନ ଥିବା କେତେଗୁଡ଼ିଏ ବସ୍ତୁ ପ୍ରତି ଦୃଷ୍ଟି ପଡ଼ିବା ଆଜି ଦରକାର ହେଉଛି।

ଜୀବନ, ଯାହା ନିର୍ଦ୍ଦିଷ୍ଟ ହେଉ ଓ ରହସ୍ୟାବୃତ୍ତ ନ ହେଉ ବୋଲି ଆମର ଇଚ୍ଛା, ପ୍ରତି ଆମର ଉତ୍ସାହ ସାହିତ୍ୟିକ ସୃଜନଶୀଳତାର ବିରୁଦ୍ଧାଚରଣ କରୁଛି। ଯାହା ଦୃଶ୍ୟ ଓ ଇନ୍ଦ୍ରିୟମାନଙ୍କଦ୍ୱାରା ଗ୍ରାହ୍ୟ ସେଥିରୁ ଆମର ମନ ଖଲାସ ହୋଇପାରୁନାହିଁ ଏବଂ ଯେଉଁ ପର୍ଯ୍ୟନ୍ତ ଏସବୁ ପ୍ରତି ଏକ ଉଦାସୀନତା ଏବଂ ଏସବୁକୁ ଛାଡ଼ି ଚାଲିଯିବାର ଇଚ୍ଛା ବଳବତ୍ତର ହୋଇନାହିଁ ସେ ପର୍ଯ୍ୟନ୍ତ ଖଲାସ ହେବା ଏକ ଦୁଃସ୍ୱପ୍ନ। ଯେଉଁ ପର୍ଯ୍ୟନ୍ତ ଏସବୁ ପ୍ରତି ଆମର ମୋହ ଅଛି ସେ ପର୍ଯ୍ୟନ୍ତ ଉଦାସୀନତା, ସୁତରାଂ ଖଲାସ, ଅସମ୍ଭବ। ଅନ୍ୟ କଥାରେ କହିଲେ ଆତ୍ମାର ଏକପ୍ରକାର ବୈରାଗ୍ୟ ପ୍ରକୃତ କବିତା ପାଇଁ ଖୁବ୍ ଦରକାର ଏବଂ ଜୀବନ ପ୍ରତି ଉତ୍ସାହର ମାତ୍ରା ଅନୁସାରେ କବିତାର ସମ୍ଭାବନା କମ୍। ଏ ଉତ୍ସାହ ଥିବା ପର୍ଯ୍ୟନ୍ତ ଯାହା କିଛି ପ୍ରଚଳିତ ଜୀବନକୁ ଅଧିକତର ସୁଖମୟ କରିବ ବୋଲି ଆଶା କରାଯାଏ- ଯଥା ମହାଶୂନ୍ୟକୁ ଯାତ୍ରା, ରାଜନୀତି, ମ୍ୟୁନିସିପାଲିଟିର ଜଳନିଷ୍କାସନ ବ୍ୟବସ୍ଥା, ଇତ୍ୟାଦି- ତା' ପ୍ରତି ମନ ସ୍ୱତଃ ଆକୃଷ୍ଟ ହେବ ଏବଂ ଏ ଆକର୍ଷଣ ସାଙ୍ଗେ ସାଙ୍ଗେ ତାହା କ୍ଲାନ୍ତ ହୋଇ ପଡ଼ିବ ଓ ଏଠାରେ ଓ ବର୍ତ୍ତମାନ ଅନୁଭୂତ ହେଉଥିବା ବସ୍ତୁମାନଙ୍କଠାରୁ ତ୍ରାହି ପାଇବ ନାହିଁ। ଏକ ପୃଥକ୍ ପୃଥିବୀର ବା ମୂଲ୍ୟବୋଧର କଳ୍ପନା କରିବା ପାଇଁ ତା'ର ଫୁରୁସତ କାହିଁ ? ସେ ପୃଥିବୀରେ ବାସ୍ତବତା ଅନ୍ୟ ଧରଣର ଏବଂ ତାକୁ ଶୂନ୍ୟ ବୋଲି ଭାବିବା ସ୍ୱାଭାବିକ। "ବର୍ଣ୍ଟ୍ ନର୍ଟନ୍"ରେ ଇଲିୟଟ୍ ଏହାର ସୂଚନା ଦେଇଛନ୍ତି :

...Not here, as
Not here the darkness, in this twittering world.
Descend lower, descend only
Into the world of perpetual solitude,
World not world, but that which is not world,

Internal darkness, deprivation
And destitution of all property,
Desiccation of the world of sense,
Evacuation of the world of fancy,
Inoperancy of the world of spirit...

ଏ ପ୍ରକାର ଶୂନ୍ୟତାର ଅନ୍ୟ ଏକ ଉଦାହରଣ ତଳେ ଦିଆଯାଉଛି (ଯାହା ଗଦ୍ୟରେ ଲେଖା ଯାଇଥିବାରୁ ମୁଁ ତା'ର ଅନୁବାଦ କରୁଛି):

"ସବୁ ସେମିଟିକ୍ ଜାତିଙ୍କର ପ୍ରତ୍ୟେକ ବିଶ୍ୱାସ, ତାହା ପରିଶେଷରେ ସଫଳ ହେଉ ବା ପରାଭୂତ ହେଉ, ର ଭିତ୍ତି ହେଉଛି ପୃଥିବୀର ମୂଲ୍ୟହୀନତା ସମ୍ବନ୍ଧରେ ସେମାନଙ୍କର ନିରବଚ୍ଛିନ୍ନ ଧାରଣା। ବସ୍ତୁ ବିରୁଦ୍ଧରେ ପ୍ରତିକ୍ରିୟା ଯୋଗୁଁ ସେମାନେ ନିଷ୍ଫଳତା, ତ୍ୟାଗ ଓ ଦାରିଦ୍ର୍ୟ ପ୍ରଚାର କଲେ ଏବଂ ସେ ମରୁ ଭୂଖଣ୍ଡର ପ୍ରତ୍ୟେକ ଆତ୍ମା ଏହି ତତ୍ତ୍ୱଦ୍ୱାରା ନିଷ୍ଠୁର ଭାବେ ନିକ୍ଷେପିତ ହେଉଥିଲା। ସେଠାରେ ମୋର ପ୍ରଥମ କେତେ ବର୍ଷ ମଧ୍ୟରେ ମୁଁ ଶୁଦ୍ଧତା ଓ ଉଚ୍ଚତର ଜୀବନ ସମ୍ବନ୍ଧରେ ସେମ ନଙ୍କର ମନୋବୃତ୍ତିର ପ୍ରତ୍ୟକ୍ଷ ପରିଚୟ ପାଇଥିଲି। ଉତ୍ତର ସିରିୟାର ଦିଗନ୍ତପ୍ରସାରୀ ସମତଳ ଭୂମିରେ ଆମେ ଏକଦା ଅଶ୍ୱପୃଷ୍ଠରେ ରୋମାନ୍ ସମୟର ଏକ କୀର୍ତ୍ତିର ଧ୍ୱଂସାବଶେଷ ଦେଖିବାକୁ ଯାଇଥିଲୁ ଏବଂ ଆରବମାନଙ୍କର ବିଶ୍ୱାସ ଥିଲା ଯେ ସୀମାନ୍ତ ପ୍ରଦେଶର ଜଣେ ରାଜା ତାକୁ ତାଙ୍କର ରାଣୀଙ୍କର ମରୁ-ପ୍ରାସାଦ ରୂପେ ନିର୍ମାଣ କରିଥିଲେ। କୁହାଯାଉଥିଲା ଯେ ତା'ର କାନ୍ଥର ମାଟି ପାଣିରେ ନୁହେଁ, ନାନାଦି ଫୁଲର ମୂଲ୍ୟବାନ ନିର୍ଯ୍ୟାସରେ ଚକଟା ଯାଇଥିଲା। ମତେ ଦେଖାଇବାକୁ ଆଣିଥିବା ଲୋକମାନେ ଚବନକୁ କୁକ୍କୁର ପରି ଶୁଙ୍ଘି ଶୁଙ୍ଘି ଗୋଟିଏ ପତନୋନ୍ମୁଖ ବଖରାରୁ ଅନ୍ୟ ବଖରାକୁ ଯାଉଥିଲେ ଏବଂ ପ୍ରତ୍ୟେକ ବଖରା ବିଷୟରେ ମନ୍ତବ୍ୟ ଦେଉଥିଲେ, 'ଏହା ମଲ୍ଲୀ, ଏହା ଭାୟୋଲେଟ୍, ଏହା ଗୋଲାପ...",

"କିନ୍ତୁ ପରିଶେଷରେ ଡାହୁମ୍ ମତେ ଡାକି ନେଇ କହିଲା, 'ଆସ, ସବୁଠୁଁ ମଧୁର ବାସ୍ନା ଆଘ୍ରାଣ କର'। ଆମେ ପ୍ରଧାନ ପ୍ରକୋଷ୍ଠକୁ ଗଲୁଁ ଏବଂ ତା'ର ପୂର୍ବାଭିମୁଖୀ ଝରକାଗୁଡ଼ିକର ଶୂନ୍ୟସ୍ଥାନ ପାଖରେ ଠିଆ ହୋଇ ଆମ ପାଖରେ ବୋହି ଯାଉଥିବା ମରୁଭୂମିର ସହଜ, ଶୂନ୍ୟ ଓ ଘୂର୍ଣ୍ଣିହୀନ ପବନକୁ ପ୍ରାୟ ପିଇ ଯାଉଥିଲୁଁ। ପବନର ସେ ଧୀର ନିଃଶ୍ୱାସ ଦୂର ଇଉଫ୍ରେଟିସ୍ ନଦୀର ସେ ପାଖରୁ କେଉଁଠୁଁ ଆସୁଥିଲା ଏବଂ ଶୁଷ୍କ ତୃଣ ଭିତରେ ବହୁଦିନ ଓ ବହୁରାତି ଧରି ଅବସନ୍ନ ଭାବେ ଯାତ୍ରା କରି ଏହି ଭଙ୍ଗା ପ୍ରାସାଦର ମନୁଷ୍ୟକୃତ କାନ୍ଥ ପାଖରେ ହିଁ ପ୍ରଥମ ବାଧା ପାଇଥିଲା। ସେଠାରେ ପବନ

ବିଷଣ୍ଣ ବିରକ୍ତିରେ କିଛି ସମୟ ଧରି ଲାଖି ରହୁଥିଲା ଏବଂ ନିଜର ଶିଶୁସୁଲଭ ଭାଷାରେ ମନକୁ ମନ କ'ଣ କହୁଥିଲା। ସେମାନେ କହିଲେ 'ଏହି ପ୍ରକୋଷ୍ଠଟି ସର୍ବୋତ୍କୃଷ୍ଟ; ଏହାର କୌଣସି ବାସ୍ନା ନାହିଁ। ମୋର ଆରବ ସହଚରମାନେ ସୁଗନ୍ଧ ଓ ବିଳାସକୁ ଏଡ଼ାଇ ଦେଇ ଯାହା ବାଛିଥିଲେ ସେଥିରେ ମନୁଷ୍ୟର କୌଣସି ଅବଦାନ ବା ଅଂଶ ନ ଥିଲା।"*

ଗତାନୁଗତିକ ଜୀବନ ପ୍ରତି ଉତ୍ସାହ ରଖିବା ସତ୍ତ୍ୱେ କ'ଣ ଭଲ କବିତା ଲେଖା ଯାଇପାରିବ ନାହିଁ? ମୋ ମତରେ ନୁହେଁ, ଏପରିକି ଅନ୍ୟ କୌଣସି କଳାର ସାଧନା ମଧ୍ୟ କରାଯାଇ ପାରିବ ନାହିଁ। କଳାର ଗୁଣ ହେଉଛି ସଂଶିତ ବିଷୟକୁ ତା'ର ସୃଷ୍ଟି ଶେଷ ହେବା ପର୍ଯ୍ୟନ୍ତ ଆତ୍ମସମ୍ପୂର୍ଣ୍ଣ କରି ଦେଖିବା। କ୍ୟାନ୍‌ଭାସ୍‌ରେ କୌଣସି ଛବି ହେଉ ବା କବିତାରେ କୌଣସି ଭାବୋଚ୍ଛ୍ୱାସ ହେଉ, ତାହା ନିଜ ନିଜର ସ୍ୱୟଂସଂପୂର୍ଣ୍ଣ ଜଗତ ଏବଂ ସେ ଜଗତରେ ଯେଉଁମାତ୍ରାରେ ଦୈନନ୍ଦିନ ଜଗତରେ ଅପରିଚିତ ଅନୁଭୂତି ମିଳେ ସେ ସୃଷ୍ଟି ସେହି ମାତ୍ରାରେ ସଫଳ। ଯଦି ଆମେ ଉପସ୍ଥିତ ଜୀବନ ପାଖରେ ବିକି ହୋଇ ଯାଇଛୁଁ ତେବେ ତା'ର ଭାଷା ଓ ଚିତ୍ରକଳ୍ପ ଆମର ଉପରୋକ୍ତ ପୃଥକ୍ ଜଗତକୁ ଯିବାରେ ପ୍ରତିବନ୍ଧକ ହେବ ଏବଂ ସମାଲୋଚକମାନେ ତାଙ୍କର ଉତ୍ତର ଏହିଠାରେ ହିଁ ପାଇବେ। ଦାର୍ଶନିକତାର ଧାର୍ ନ ଧାରି ମଧ୍ୟ ଆମେମାନେ ଦୁର୍ବୋଧ୍ୟ ଏବଂ ଖୁବ୍ ଜଟିଳ ସମସ୍ୟାର ସରଳ ଉପସ୍ଥାପନରେ ଜଗନ୍ନାଥ ଦାସଙ୍କ କୃତିତ୍ୱ ଆମର ଈର୍ଷାର ବସ୍ତୁ। ଏକଥା ଯେ କେବଳ ଆଧୁନିକ ଓଡ଼ିଆ କବିତା ପ୍ରତି ପ୍ରଯୁଜ୍ୟ, ତା' ନୁହେଁ; ଆଧୁନିକ ଇଂରାଜୀ କବିତା ମଧ୍ୟ ଏ ଦୁର୍ବଳତାଦ୍ୱାରା ଆକ୍ରାନ୍ତ ଏବଂ ଇଲିୟଟ୍‌ଙ୍କ ସମୟରୁ ଦୃଷ୍ଟିଭଙ୍ଗୀ (ଯାହା ଜଗତ ସହିତ ବ୍ୟକ୍ତିର ସମ୍ପର୍କକୁ ଓ ବ୍ୟକ୍ତିର ଭାବାବେଗକୁ ଏକ ବିପୁଳ ସହାନୁଭୂତି ଓ ଦାର୍ଶନିକତା ସହିତ ବିଶ୍ଳେଷଣ କରୁଥିଲା) ବଦଳରେ ଆଜି ଏକ ମୂଳତଃ ଘରୋଇ କଥୋପକଥନର ଆବହାଓ୍ୱା ଇଂରାଜୀ କବିତାରେ ସ୍ପଷ୍ଟ ଏବଂ ସେ କବିତାର ଏକ ନିର୍ଦ୍ଦିଷ୍ଟ ଭୌଗୋଳିକ ପରିବେଶ ମଧ୍ୟ ଅନେକ ସମୟରେ ରହୁଛି। ସେ ପରିବେଶ ବା ସେ ସମ୍ପର୍କ ପ୍ରତି ଅପରିଚିତ ପାଠକ ପାଖରେ ଆଉ କୌଣସି ଆବେଦନ ପ୍ରାୟ ନାହିଁ।

ଠିକ୍ କେଉଁ ଉପାୟ ଅବଲମ୍ବନ କଲେ ଏହା ସମ୍ଭବ ହେବ, ଅର୍ଥାତ୍ ଇନ୍ଦ୍ରିୟାନୁଭୂତି ଉପରେ ପ୍ରତିଷ୍ଠିତ ମନୋବୃତ୍ତି ବଦଳରେ ଏକ ଅନ୍ଧାର ଓ ନିଛାଟିଆ ଜଗତକୁ ଦେଖିବାର ଦୃଷ୍ଟିଶକ୍ତି ଆସିବ ସେକଥା ମୁଁ କହିପାରିବି ନାହିଁ। ଏକଥା କିନ୍ତୁ

T.E. Lawrence: Seven Pillars of Wisdom

ସ୍ପଷ୍ଟ ଯେ ପ୍ରତ୍ୟେକ ପ୍ରାଣସ୍ପର୍ଶୀ କବିତାରେ ସବୁବେଳେ ଏକ ସନ୍ନ୍ୟାସୀର ସ୍ୱର ଶୁଭେ ଯାହା ସମୟ ସମୟରେ ଖୁବ୍ ବାଷ୍ପରୁଦ୍ଧ ଓ ଖୁବ୍ ସହଜରେ ଶୁଭେ ନାହିଁ। ସେ ସ୍ୱର ଯେତେ ସ୍ପଷ୍ଟ ବା ଅନ୍ୟଥା ହେଉ, ତାହା the world of perpetual solitudeରୁ, ଏକ ସ୍ତବ୍ଧ, ଅନ୍ଧାରୁଆ ଜଙ୍ଗଲରୁ ଆସିବା ପରି ଜଣାପଡ଼େ। 'ବର୍ଣ୍ଣ୍ ନର୍ଟନ'ର 'ଆଭ୍ୟନ୍ତରୀଣ ଅନ୍ଧାର' ଓ ମୁଣ୍ଡକୋପନିଷଦ୍‌ର 'ନ ତତ୍ର ସୂର୍ଯ୍ୟୋ ଭାତି ନ ଚନ୍ଦ୍ର ତାରକଂ/ ନେ ମା ବିଦ୍ୟୁତୋ ଭାନ୍ତି କୁତୋଽୟମଗ୍ନିଃ', ଏଠାରେ ସ୍ମରଣ କରାଯାଇପାରେ। ଏ ଅନ୍ଧକାର ପାଠାନ୍ତରରେ ଏକ ଅପୂର୍ବ ଓ ଅବର୍ଣ୍ଣନୀୟ ଦୀପ୍ତି ମଧ୍ୟ ହୋଇପାରେ। ମୁଣ୍ଡକୋପନିଷଦ୍‌ର ଉପରୋକ୍ତ ଶ୍ଳୋକର ଦ୍ୱିତୀୟ ପଙ୍କ୍ତି ହେଉଛି, 'ତମେବ ଭାନ୍ତମନୁଭାତି ସର୍ବଂ/ ତସ୍ୟ ଭାସା ସର୍ବମିଦଂ ବିଭାତି'। ଖ୍ରୀଷ୍ଟିଆନ୍ ସନ୍ଥ ଏକ୍‌ହାର୍ଟଙ୍କ ଅନ୍ଧାରର ଅଭିଜ୍ଞତା ଉପରେ ପ୍ରଫେସର କ୍ଲାର୍କ ଟିପ୍‌ପଣୀ ଦେଇ କହିଛନ୍ତି ଯେ ସେ କ୍ଷେତ୍ରରେ ଅର୍ଥ ଆଲୋକର ଅନୁପସ୍ଥିତି ନୁହେଁ, ବରଂ ଆମେ ଆଲୋକ କହିଲେ ଯାହା ବୁଝୁଁ ତା'ଠାରୁ ଅଧିକତର ଦୀପ୍ତିମନ୍ତ ବସ୍ତୁ ତଦ୍ୱାରା ସୂଚିତ ହୁଏ।

ଏଠାରେ ଏ କଥା ମଧ୍ୟ ଅପ୍ରାସଙ୍ଗିକ ନୁହେଁ ଯେ ବାଲ୍ମୀକି ଓ ବ୍ୟାସ ଅରଣ୍ୟରେ ହିଁ ରାମାୟଣ ଓ ମହାଭାରତ ଲେଖିଥିଲେ ଏବଂ ଶ୍ରୀମଦ୍‌ଭାଗବତ ଲେଖାଯାଇଥିଲା (ଜଗନ୍ନାଥ ଦାସଙ୍କ ଭାଷାରେ) ସେତେବେଳେ, ଯେତେବେଳେ

ଶୌନକ ଆଦି ମୁନିଗଣେ।
ମିଳିଲେ ନୈମିଷ ଅରଣ୍ୟେ।।

ଏଠାରେ କୌଣସି ଗୋଟିଏ କବିତାକୁ ସ୍ୱତନ୍ତ୍ର ଭାବେ ବିଚାର କରିବା ପକ୍ଷରେ କୌଣସି ଯୁକ୍ତି ନାହିଁ ଏବଂ ତା' ସତ୍ତ୍ୱେ ଯଦି ମୁଁ "ବିମାନ ଦୁର୍ଘଟଣାରେ ମୃତ୍ୟୁ"କୁ ଏଠାରେ କିଛି ଜାଗା ଦେଉଛି, ତା'ର କାରଣ ଅଛି। ପ୍ରଥମତଃ, ଏହି କବିତାରେ ସ୍ମରଣପ୍ରକ୍ରିୟା ହିଁ ପ୍ରଧାନ ଏବଂ ତାହାରି ମାଧ୍ୟମରେ କାବ୍ୟିକ ପ୍ରଗତି ସଂଘଟିତ ହୋଇଛି। ଏହି ପ୍ରକ୍ରିୟା କାମ କଲାବେଳେ ପ୍ରଧାନ ଚରିତ୍ରର ମନେ ପଡୁଥିବା ପଢ଼ାପଢ଼ି ମଧ୍ୟ କବିତା ଭିତରକୁ ଆସିଛି (ଅବଶ୍ୟ ତା'ର ଯାହା ମନେ ପଡୁଛି ତା'ର ଏକ କାବ୍ୟିକ ଉଦ୍ଦେଶ୍ୟ ଅଛି) ଏବଂ ସେସବୁ ମୁଁ ସ୍ୱୀକାର କରିବା ଦରକାର। ସ୍ୱୀକାରର ଭଦ୍ରତା କଥା ଛାଡ଼ିଦେଲେ ବି ତଦ୍ୱାରା, ମୋର ବିଶ୍ୱାସ, ପାଠକ ସେ ସ୍ମରଣ ପ୍ରକ୍ରିୟାଦ୍ୱାରା ସୂଚିତ ଚିନ୍ତା ଓ ଭାବ ଉପଲବ୍ଧି କରି ପାରିବ ଏବଂ କବିତାଟି ତା' ପକ୍ଷରେ ଉପଭୋଗ୍ୟ ମଧ୍ୟ ହୋଇପାରେ। ଦ୍ୱିତୀୟତଃ, ଏ କବିତା ବିରୁଦ୍ଧରେ ଦୁର୍ବୋଧ୍ୟତାର ଅଭିଯୋଗ ଆସିବାର ସମ୍ଭାବନା ବେଶୀ ଏବଂ ଦୁର୍ବୋଧ୍ୟତାକୁ ଫେସନ୍ ବୋଲି ମୁଁ ସ୍ୱୀକାର କରେ ନାହିଁ। ପ୍ରାୟ ଅଧିକାଂଶ ଦୁର୍ବୋଧ୍ୟତା ଆମର ଅପାରଙ୍ଗମତା ଏବଂ ହୁଏତ ମୁଁ ଯାହା

କହିବାକୁ ଇଚ୍ଛା କରୁଥିଲି ତା'ର ଅଳ୍ପ ଇଙ୍ଗିତ ଏଠାରେ ଦେଲେ ଯେ ଅଭିଯୋଗର ତୀବ୍ରତା ଜଣା ପଡ଼ିପାରେ। ତୃତୀୟତଃ, ଏ ପୃଷ୍ଠବନ୍ଧରେ ଯାହାସବୁ କୁହାଯାଇଛି ସେଥିରୁ ଏ ଧାରଣା ଉପୁଜିବାର ଆଶଙ୍କା ରହିଛି ଯେ ପାଶ୍ଚାତ୍ୟ ସଂସ୍କୃତି ପ୍ରତି ମୋର ଦୁର୍ବଳତା ବେଶି। ଏହି କବିତାଟି ଦେଶୀୟ ଓ ପ୍ରାଦେଶିକ ସଂସ୍କୃତି ଉପରେ ପ୍ରାୟ ପୂରାପୂରି ପ୍ରତିଷ୍ଠିତ। ପାଶ୍ଚାତ୍ୟ କବିତାରେ ଖ୍ରୀଷ୍ଟୀୟ ଚିନ୍ତାଧାରା ଓ ସଂସ୍କୃତିର ଯେପରି ସଫଳ ଓ ଜୀବନ୍ତ ବ୍ୟବହାର କରାଯାଇଛି, ଆମର ସାହିତ୍ୟରେ ତା'ର ଦୃଷ୍ଟାନ୍ତ ବିରଳ ଏବଂ ଏ କବିତାଟି ସେ ଦିଗରେ କେତେକାଂଶରେ ପରୀକ୍ଷାମୂଳକ। ଅବଶ୍ୟ ସାମାନ୍ୟ ସୂଚନା ଛଡ଼ା ଏଠାରେ ଅନ୍ୟ କିଛି ଚେଷ୍ଟା କରାଯିବ ନାହିଁ ଏବଂ ସେତିକି ସୂଚନାରୁ ପାଠକ ନିଜର ପ୍ରତିକ୍ରିୟା ନିଜେ ଗଢ଼ିନେଇ ପାରିବ ବୋଲି ଆଶା କରାଯାଉଛି।

ଏଠାରେ ବିଷୟବସ୍ତୁ, ଅର୍ଥାତ୍ ବିମାନ ଦୁର୍ଘଟଣାରେ ମୃତ୍ୟୁ, ଦ୍ୱିଅର୍ଥବ୍ୟଞ୍ଜକ। ଆପାତତଃ ଅର୍ଥକୁ ଛାଡ଼ିଦେଲେ ଅନ୍ୟ ଅର୍ଥ ହେଉଛି ଦେହର କ୍ଷୟ କିମ୍ବା ମୃତ୍ୟୁ ଓ ବିମାନ ହେଉଛି ଦେହର ପ୍ରତୀକ। ଧାଡ଼ି ୧-୯ରେ ତା'ର ଉପସ୍ଥିତ ଓ ଭବିଷ୍ୟତ ନିଃସଙ୍ଗତା ବର୍ଣ୍ଣିତ ହୋଇଛି। ଧାଡ଼ି ୮-୯ର ଭବିଷ୍ୟବାଣୀ ଅପ୍ରତ୍ୟାଶିତ ଓ ନିଷ୍ଠୁର ଭାବେ ସତ୍ୟ ହେବ। ୯ମ ଧାଡ଼ିକୁ ଅର୍ଥ କରିବା ସମ୍ଭବ ଯେ କେବଳ ଏକ ସଜ୍ଜିତ ଶବ ରୂପରେ ତା'ର ଜୀବନ ସାଙ୍ଗ ହେବ ଯଦିଓ ବର୍ତ୍ତମାନ କେବଳ ଦୈହିକ ଶିଥିଳତା ସୂଚିତ ହେଉଛି। ବାଘଛାଲକୁ ବାଘପରି ସଜାଇବା ସହିତ ଶ୍ରାଦ୍ଧଦ୍ୱାରା ପୂର୍ବପୁରୁଷଙ୍କୁ ସ୍ମରଣ କରିବା ତୁଳନୀୟ।

ଧାଡ଼ି ୧୦-୧୭-ପିଲାଦିନେ ପଢ଼ିଥିବା ପାଠ୍ୟପୁସ୍ତକରୁ ମନେ ପଡୁଥିବା କେତେଗୁଡ଼ିଏ ପଙ୍‌କ୍ତି। ଭକ୍ତକବିଙ୍କ ନିମ୍ନୋକ୍ତ ପଙ୍‌କ୍ତି ଦ୍ରଷ୍ଟବ୍ୟ:

ଆକାଶ ଦିଶେ କି ସୁନ୍ଦର,
ତାହାକୁ ରଚିଲେ ଈଶ୍ୱର।

x x x

ତାଙ୍କରି ଆଜ୍ଞାରେ ପବନ
ସର୍ବତ୍ର କରେ ବିଚରଣ... ଇତ୍ୟାଦି।

ଚନ୍ଦ୍ର, ତାରା ଓ ପକ୍ଷୀମାନଙ୍କ କଥା ଏଠାରେ ସେହି ସ୍ମୃତି ଯୋଗୁଁ ଉଠୁଛି
(ଉଦାହରଣ-ସନ୍ଧ୍ୟା ହେଲା ସନ୍ଧ୍ୟା ହେଲା ବୋଲି ପକ୍ଷୀଗଣ
ରାବ ଦେଇ ଯେଝା ବାସେ କରନ୍ତି ଗମନ)।

ଶୈଶବ ବା ଅତୀତକୁ ପ୍ରତ୍ୟାବର୍ତ୍ତନ ପାଇଁ ଇଚ୍ଛା ଏଠାରେ ଆସିଛି। ତାହା ବର୍ତ୍ତମାନର କ୍ଳାନ୍ତି ଯୋଗୁଁ ହୋଇପାରେ।

ଧାଡ଼ି ୨୦-୨୫-ଉପରୋକ୍ତ ଭାବର ସମ୍ପ୍ରସାରଣ ଓ ବର୍ତ୍ତମାନ ପ୍ରତି ସଚେତନତାର ପ୍ରବେଶ।

ଧାଡ଼ି ୪୭-୫୨-ଧାଡ଼ି ୧୨-୧୭ର ପୁନରାବୃତ୍ତି, କିନ୍ତୁ ପରିବର୍ତ୍ତିତ ପ୍ରତିକ୍ରିୟା ଏଠାରେ ଦ୍ରଷ୍ଟବ୍ୟ। ପୂର୍ବରୁ ଶାନ୍ତି ଓ ପୂର୍ଣ୍ଣତା ବଦଳରେ ସେମାନେ ଏକ ନିଷ୍ଫଳତା ଓ ମୂଲ୍ୟହୀନତା ସହିତ ଜଡ଼ିତ।

ଧାଡ଼ି ୬୩-୬୪-କବିବର ରାଧାନାଥ ରାୟଙ୍କ "ଦୁର୍ଯ୍ୟୋଧନଙ୍କର ରକ୍ତନଦୀ ସନ୍ତରଣ" ଦ୍ରଷ୍ଟବ୍ୟ। "ପୁତ୍ରଙ୍କ ଶବ" ଓ ରକ୍ତନଦୀ ସନ୍ତରଣ ଉପାଖ୍ୟାନରୁ ସୂଚିତ ହୁଏ ଯେ ବାସ୍ତବିକ ପୁତ୍ର ହିଁ ମରିଛି, କିନ୍ତୁ, ପରେ ଦେଖାଯିବ, ପୁତ୍ରର ବା ପିତାର ମୃତ୍ୟୁ ଭିତରେ କିଛି ପାର୍ଥକ୍ୟ ନାହିଁ।

ଧାଡ଼ି ୬୫-୬୯ ପ୍ରଚଳିତ ଲୋକକଥା ଯେଉଁଥିରେ ସାତ ଭାଇ ଓ ଗୋଟିଏ ଭଉଣୀକୁ ସେମାନଙ୍କର ସାବତ ମାଆମାନେ ପୋତି ଦେଇ ରାଜାଙ୍କୁ ଖବର ଦେଇଥିଲେ ଯେ ସେମାନଙ୍କର ମାଆ କାଠ କୁଣ୍ଢେଗୁଡ଼ିଏ ଜନ୍ମ କରିଛନ୍ତି। ରାଜା ସେମାନଙ୍କର ମାଆ (ଓ ନିଜର ରାଣୀ)ଙ୍କୁ ଘୋଡ଼ାଶାଳ ସଫା କରିବା କାମଦେଇ ପ୍ରାସାଦରୁ ବାହାର କରିଦେଲେ। ସେମାନେ ପୋତା ଯାଇଥିବା ସ୍ଥାନରେ କଞ୍ଚନଗଛଟିଏ ଉଠିଥିଲା ଯାହାର ଫୁଲ ତୋଳିବା ପାଇଁ ରାଜାଙ୍କର ମାଳୀ, ମନ୍ତ୍ରୀ ଓ ନିଜେ ରାଜା ଆସି ବିଫଳ ହୋଇଥିଲେ। କଞ୍ଚନବୃକ୍ଷକୁ ଜୀବନ ବୃକ୍ଷ ବୋଲି ଧରାଯାଇପାରେ।

ଧାଡ଼ି ୬- ରେ ଆତ୍ମନ୍' ନିଦ୍ରା ପରିହରି
ଫେଡ଼ି ଚିନ୍ତାର ଲୋଚନ   କର କର ନିରୀକ୍ଷଣ
ନିଃଶବ୍ଦେ ଜୀବନ-ସ୍ରୋତ ଧାଉଁଛି କିପରି
ଭେଟିବାକୁ ମୃତ୍ୟୁ-ସିନ୍ଧୁ-କରାଳ-ଲହରୀ।

(ଭକ୍ତକବି ମଧୁସୂଦନ ରାଓ: ଜୀବନଚିନ୍ତା)

ଧାଡ଼ି ୬୯-୭୦ - "ମୁଁ ତେଣୁ ବୋଲଇ ଗୋବିନ୍ଦଚନ୍ଦ୍ରରେ କାଳି ଯାଅ ଯୋଗୀଘର" (ଟୀକା ଗୋବିନ୍ଦଚନ୍ଦ୍ର)। "କୁମରମଣି" ଶବ୍ଦ ମଧ୍ୟ ସେହିଠାରୁ ଉଦ୍ଧୃତ। କିନ୍ତୁ ଏ ଉପଦେଶ ଏଠାରେ ବିଦ୍ରୂପାତ୍ମକ, ଯେହେତୁ ତାକୁ "ବାଣିଜ୍ୟ ବା ରାଜକର୍ମ" କରିବାକୁ କୁହାଯାଉଛି। ସୁତରାଂ ସଂସାରକୁ ତ୍ୟାଗକରି ଏକ ବୃହତ୍ତର ସତ୍ୟ ସନ୍ଧାନ କରିବାର ଉଦ୍ଦେଶ୍ୟ ବଦଳରେ ଏଠାରେ ଅର୍ଥାଗମର ବାଟ ଖୋଜା ଯାଉଛି ('ବାଣିଜ୍ୟେ ବସତେ ଲକ୍ଷ୍ମୀ ସ୍ତଦର୍ଦ୍ଧଂ କୃଷିକର୍ମଣି, ତଦର୍ଧଂ ରାଜସେବାୟାଂ...')

ଧାଡ଼ି ୭୧- ମାତା ତୁ ନୋହିଲୁ ଚଣ୍ଡାଳୁଣୀ ହେଲୁ ମୋ ପିଣ୍ଡେ ଭଗାରୀ
ତଳୁ ଲତା କାଟିଦେଇ ଲୋ ଜନନୀ ଉପରେ ସିଞ୍ଚିଲୁ ବାରି।

ପାଣି ରହୁ ବନ୍ଧ ବାନ୍ଧରେ କୁମର ପୂରି ରହୁ ସରୋବର।
ପାଣି ଶୁଖିଗଲେ ତୋ ହଂସା ଉଡ଼ିବ ପିଣ୍ଡ ହେବ ନାରଖାର।
ପାଣି ରହେ ସିନା ଗଭୀର ତଡ଼ାଗେ ମୀନ ରହେ ସେହିଠାରେ...

(ଟୀକା ଗୋବିନ୍ଦଚନ୍ଦ୍ର)

x x x

ବହନ୍ତା ପାଣିରେ ଯେହେଁ ପଡ଼ିଯାଏ ବନ୍ଧ...

(ଅଚ୍ୟୁତାନନ୍ଦ ଦାସ : ଶୂନ୍ୟସଂହିତା)

ଧାଡ଼ି ୭୩-୭୫-ପୁନରାବୃତ୍ତି।

ଧାଡ଼ି ୭୬-୭୭- ପ୍ରଳୟ ପରେ ଶ୍ରୀକୃଷ୍ଣ ବଟପତ୍ରରେ ଭାସିବା କଳ୍ପନା। ଯୀଶୁଖ୍ରୀଷ୍ଟଙ୍କ ମାଆ (ମେରୀ) କୁମାରୀ ଥିଲେ ଓ ଯୀଶୁଙ୍କ ନିର୍ଯାତନାରେ ତାଙ୍କର କାନ୍ଦିବା ଏଠାରେ ସୂଚିତ ହୋଇଛି। 'ଲୁହଦ୍ୱାରା ବିଦ୍ଧ' ଲୁହର କାରଣଦ୍ୱାରା ବିଦ୍ଧ, ବୋଲି ଅର୍ଥ କରାଯାଇପାରେ। ଶିଶୁ ଶ୍ରୀକୃଷ୍ଣ ଓ ଯୀଶୁ ଏଠାରେ ଏକାକାର ହୋଇଛନ୍ତି।

ଧାଡ଼ି ୭୮-୮୩-ଏକ ସହାନୁଭୂତିଶୀଳ ମାତା (ଯଶୋଦା ବା ମେରୀ)ର ଅନ୍ୟ ଭାବାପନ୍ନ ହେବା। ଚଣ୍ଡୀ ମଧ୍ୟ ମାତା :

ନମସ୍ତେ ଅସ୍ତୁ ଭଗବତୀ ମାତରସ୍ମାନ୍ ପାହି ସର୍ବତଃ

(ଶ୍ରୀଦେବ୍ୟଥର୍ବଶୀର୍ଷମ୍)

x x x

ତତଃ କ୍ରୁଦ୍ଧା ଜଗନ୍ମାତା ଚଣ୍ଡିକା ପାନମୁତ୍ତମଂ।
ପପୌ ପୁନଃ ପୁନଶ୍ଚୈବ ଜହାସାରୁଣ ଲୋଚନା।

x x x

ଯା ଦେବୀ ସର୍ବଭୂତେଷୁ ମାତୃରୂପେଣ ସଂସ୍ଥିତା
ନମସ୍ତସ୍ୟୈ ନମସ୍ତସ୍ୟୈ ନମସ୍ତସ୍ୟୈ ନମୋନମୋଃ।

(ଶ୍ରୀ ଦୁର୍ଗାସପ୍ତଶତୀଚଣ୍ଡୀ)

ଧାଡ଼ି ୮୪-୮୯-ଅତିଶୟ ଯୌନଲାଳସା ଯୋଗୁଁ ସ୍ୱାସ୍ଥ୍ୟହାନୀ ଓ କ୍ଷୟ। ଏହା କିନ୍ତୁ ଏକ ସୁଖକର ଅନୁଭୂତି ଯେଉଁଥିରେ ପ୍ରେମିକା ଓ ମାତା ଅଭିନ୍ନ। ଧାଡ଼ି ୭୫ ଦ୍ରଷ୍ଟବ୍ୟ। ସୁତରାଂ ପ୍ରେମିକ-ପୁତ୍ର ଓ ସ୍ୱାମୀ-ପିତାଙ୍କ ଭିତରେ ପ୍ରଭେଦ ପ୍ରାୟ ନାହିଁ। ଧାଡ଼ି ୬୩-୬୪ ମଧ୍ୟ ଦ୍ରଷ୍ଟବ୍ୟ।

ଧାଡ଼ି ୯୯-୧୦୦-ବୈଧବ୍ୟ ଓ ଅଦରକାରୀ ନାରୀତ୍ୱ।

ଧାଡ଼ି ୧୦୧-ଆମର ବିଶ୍ୱାସ ଅନୁସାରେ ପ୍ରେତମାନେ ଧୋବ ଫରଫର ଲୁଗା ପିନ୍ଧିଥାନ୍ତି।

ଧାଡ଼ି ୧୧୫-ଦଶାହରେ 'ସଦ୍ୟ ସ୍ନାତ ଓ ମୁଣ୍ଡିତ' ପୁତ୍ର।

ଧାଡ଼ି ୧୧୬ ଧାଡ଼ି ୧୧୫ରୁ ଅନୁମିତ ହୁଏ ଯେ ପୁତ୍ର ଯେହେତୁ ଶ୍ରାଦ୍ଧ କରୁଛି, ସେ ଜୀବିତ। ଆଗରୁ ପିତା-ପୁତ୍ର ସମ୍ପର୍କ ଦର୍ଶିତ ହୋଇଛି। କଙ୍ଗାରୁ ଯେପରି ତା'ର ଶାବକକୁ ପେଟର ଥଳୀରେ ନିଏ, ସେହିପରି ମୃତ୍ୟୁ ପୁତ୍ରକୁ ନେଉଛି, ଯଦିଓ ପ୍ରକାଶ୍ୟ ମୃତ୍ୟୁ ଆହୁରି ଡେରି ଅଛି।

ଧାଡ଼ି ୧୧୬-୧୧୮- ମଧୁ ବାତା ଋତାୟତେ। ମଧୁ କ୍ଷରନ୍ତି ସିନ୍ଧବଃ। ମାଧ୍ୱିର୍ଣ୍ଣ ସନ୍ତୋଷଧି। ମଧୁନକ୍ତୋ ମୁତୌଶଷଃ। ମଧୁମାଂ ଅସ୍ତୁ ସୂର୍ଯ୍ୟଃ। ମାଧ୍ୱିର୍ଗାବଃସ୍ରବନ୍ତୁନଃ। ମଧୁମାଂ ପାର୍ଥିବଂ ରଜଃ। ମଧୁଦ୍ୟୌ ରସ୍ତୁନଃ ପିତାଃ। (ଋଗ୍‌ବେଦ)

ଧାଡ଼ି ୧୨୦-୧୨୧-ଭାଣ୍ଡ ଯେ ଶୂନ୍ୟ ହୋଇଗଲା।
ଅନାଦି ଶୁଷ୍କ ଯେ ଦିଶିଲା।।
ସେ ବିନ୍ଦୁ ଚକ୍ରରେ ପଡ଼ିଲା।
ସପତ ଦିନ ସେ ବୁଲିଲା।।
ସପ୍ତ ଦିନରେ ଫୁଟେ ଫୁଲ।
ଶିଶୁ ମୁନାରେ ତାର ମୂଳ।।
ସେ ଫୁଲ ଚାରି ଯେ ପାଖୁଡ଼ା।
ମଧ୍ୟରେ ଅଛି ତାର ଯୋଡ଼ା।।... ଇତ୍ୟାଦି
(ଅଚ୍ୟୁତାନନ୍ଦ ଦାସ : ଅମରକୁମର)

ତା' ଛଡ଼ା, ଫୁଲ ଶେଯ ସବୁବେଳେ ସ୍ନେହସୂଚକ।

ଧାଡ଼ି ୧୨୩- 'ଛଅ ଖଣ୍ଡ କାଠ' ଏଠାରେ କୋକେଇ।
'ଛୁଇଁବେ ନାହିଁ ତୋତେ ବୋଲିବେ ମଡ଼ା,
ଛ'ଖଣ୍ଡ କାଠ ତୋର ହୋଇବ ଲୋଡ଼ା ଯେ'
- ମନବୋଧ ଚଉତିଶା।

ଧାଡ଼ି ୧୨୪-୧୩୧-ଶ୍ରାଦ୍ଧଦ୍ୱାରା ମୃତ ପୂର୍ବପୁରୁଷ ସ୍ମୃତିରେ ପୁନରୁଜ୍ଜୀବିତ ହେଉଛନ୍ତି। ଏଇଟା ସ୍ୱାଭାବିକ, କାରଣ ମନୁଷ୍ୟ ମାତ୍ରେ 'ଅମୃତସ୍ୟ ପୁତ୍ରାଃ'। କିନ୍ତୁ ଏ ପ୍ରତ୍ୟାବର୍ତ୍ତନ ଶାମୁକାର ଛଦ୍ମବେଶରେ, ଅର୍ଥାତ୍ ଏକ ପ୍ରାଣହୀନ ବସ୍ତୁ ଭାବରେ; ସୁତରାଂ ପ୍ରତ୍ୟାବର୍ତ୍ତନ ମିଥ୍ୟା ଓ ଥରକର ମୃତ୍ୟୁ ପରେ ଆଉ ଫେରିବା କଥା ନାହିଁ। ତା'ର

କାରଣ ଏହା ଯେ ସମୟ ପଛକୁ ଫେରିପାରିବ ନାହିଁ, ଯାହା ଶେଷ ପାଞ୍ଚ ଧାଡ଼ିରେ ସୂଚିତ ହୋଇଛି।

ଏ ସଂକ୍ଷିପ୍ତ ସୂଚନା କେତେଦୂର କାମରେ ଲାଗିବ ସେ କଥା ମୁଁ କହିପାରୁନାହିଁ ଏବଂ ଆଶା କରୁଛି ଯେ ଏହାଠାରୁ ଅଧିକ ବୁଝାଇବାର କଷ୍ଟକାରୀତା ରସଗ୍ରାହୀ ପାଠକମାନଙ୍କ ସ୍ୱୟଂ ଉପଲବ୍ଧ କରିବେ। ସେମାନେ ବୁଝିପାରୁଥିବେ ଯେ ଏତେ ଲେଖିବା ପରେ ବି କବିତାର ବକ୍ତବ୍ୟ ଉପରେ କିଛି ଆଲୋଚନା କରାଯାଇନାହିଁ, କିନ୍ତୁ ଯଦି ଲେଖକକୁ ତାହା କରିବା ଦରକାର ପଡ଼େ ତା'ହେଲେ ପରିସ୍ଥିତି ଶୋଚନୀୟ ବୋଲି ସ୍ୱୀକାର କରିବାକୁ ହେବ। ଆମେମାନେ ଅକାଳେ ସକାଳେ ଖଣ୍ଡେ ଅଧେ କବିତା ଲେଖିବୁଁ ଏବଂ ସମୁଦାୟ ଜୀବନକାଳ ଭିତରେ ଚାରିପାଞ୍ଚଖଣ୍ଡ ବହି ଲେଖିବୁଁ କି ନାହିଁ ସନ୍ଦେହ। ଯଦି ଏତେ ବ୍ୟାଖ୍ୟା ଲେଖିବାର ସମୟ ଥାଆନ୍ତା ତା'ହେଲେ ଆମେ ଆହୁରି କିଛି କବିତା ଲେଖିପାରନ୍ତୁ। ସେ ଯାହା ହେଉ, ଏ ଆଲୋଚନାକୁ କେହି ପୂରାପୂରି ଅବାନ୍ତର ଭାବିଲେ କିଛି କ୍ଷତି ନାହିଁ, କ୍ଷତି ଅଛି ଯଦି ତା'ର ମୂଳଯୁକ୍ତିକୁ କୌଣସି କାରଣରୁ (ଭାବପ୍ରକାଶରେ ମୋର ଦୁର୍ବଳତା ମଧ୍ୟ ଗୋଟିଏ କାରଣ ହୋଇପାରେ) ଭୁଲ୍ ବୁଝି କେହି ଅନ୍ୟ ସିଦ୍ଧାନ୍ତରେ ଉପନୀତ ହୁଅନ୍ତି (ଉଦାହରଣ ସ୍ୱରୂପ, ମୋ ମତରେ କବିମାନେ ସନ୍ନ୍ୟାସୀ ହେବା ଉଚିତ ବୋଲି ଯଦି କେହି ଭାବନ୍ତି)। ଯଦି ମତେ ସେତିକିରୁ ତ୍ରାହି ମିଳେ ଏବଂ ଏ ବହିର କାଟ୍‌ତି ଭଲ ହେଲା ତେବେ ମୋର ଶ୍ରମ ସାର୍ଥକ ହେଲା ବୋଲି ମଣିବି।

ରମାକାନ୍ତ ରଥ

BLACK EAGLE BOOKS

www.blackeaglebooks.org
info@blackeaglebooks.org

Black Eagle Books, an independent publisher, was founded as a nonprofit organization in April, 2019. It is our mission to connect and engage the Indian diaspora and the world at large with the best of works of world literature published on a collaborative platform, with special emphasis on foregrounding Contemporary Classics and New Writing.

www.ingramcontent.com/pod-product-compliance
Lightning Source LLC
Chambersburg PA
CBHW020546080526
44583CB00013B/1015
* 9 7 8 1 6 4 5 6 0 4 1 5 0 *